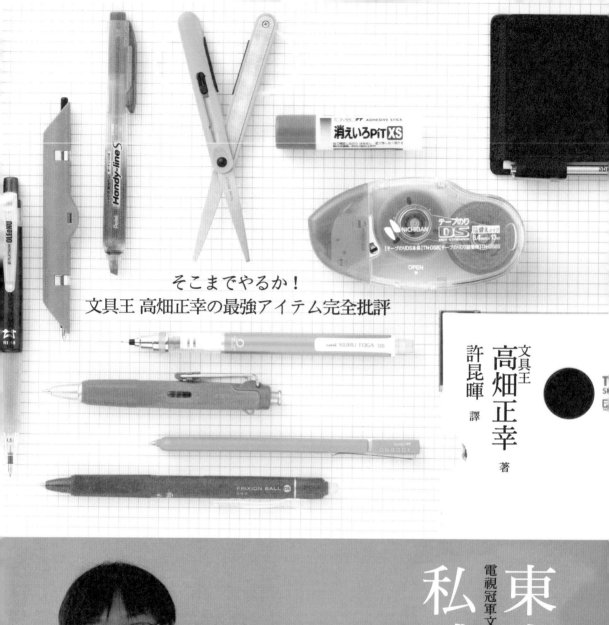

そこまでやるか！
文具王 高畑正幸の最強アイテム完全批評

文具王
高畑正幸 著

許昆暉 譯

東京文具
私感動

電視冠軍文具王・實戰完全評比【全彩版】

推薦文

讀完《東京文具私感動——電視冠軍文具王實戰完全評比》，讓我徹底瞭解這些特殊文具的過人之處，一窺文具設計的奧密，從此不再買到難用的文具。跟著電視冠軍文具王—高畑正幸老師學習，掌握實用的文具，就能提升數倍的工作效率。

在這個數位時代，我們親近使用文具的機會似乎愈來愈少了。但，親炙紙筆的感覺真的很好，畫wireframe的時候，我也喜歡徒手在紙張上勾勒雛形。

即使iPad再方便，畫出來的圖畫多好看，我們都不該忘記那種親觸紙面的快感呀，那是一種永遠無法被取代的感動。

筆記女王ADA

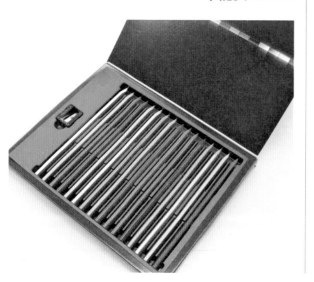

這本由電視冠軍【文具王】高畑正幸所撰寫的新書，並不是一本要推你入坑的文具勸敗書，在這本書中所介紹的每一種文具，都有作者對產品所隱含的思想、偏見和愛。

看了部分的書稿，讓我有些肅然起敬。見識到日本人用研究工藝的精神，來看待生活中隨處可見的文具，除了關注使用體驗，也照顧到設計感、消費觀感，有一種敬意油然而生，也讓自己更想好好珍惜和使用文具。

**Vista 2.0－維斯塔日記部落格主
數位時代》雜誌研究主編鄭緯筌**

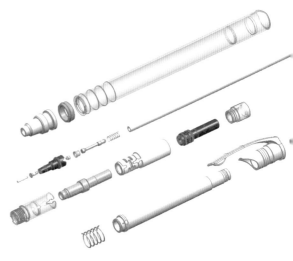

「開發一項優秀的文具，從構想到設計、產出，所花費的心力不亞於開發一輛高級跑車。然而卻只要花幾十、幾百元，就能輕易將它買下、送給朋友，和他們分享這樣的美好。」我始終記得高畑先生說過的這段話。似乎是那麼微小的一件物品，背後卻有那麼多值得尊重與珍惜對待的心意。

在文具王筆下，各種艱深的數據理論都化為容易理解的圖表與流暢簡潔的文字。LIHIT LAB的Twisting note筆記本內頁和哪本雙圈筆記相容？為什麼uni的kurutoga自動筆特別適合寫漢字？MAX的Vaimo 11訂書機只是換了一種訂書針，就能從訂26張紙立即升級為40張？讀完此書，保證各位文具控功力大增！

BLACK DIARY 黑女

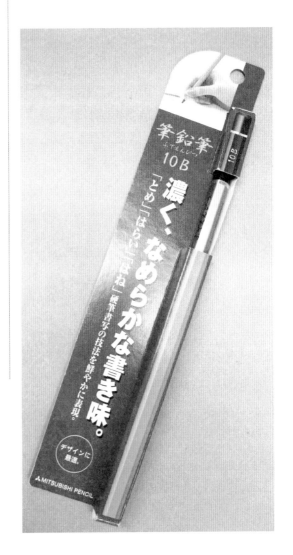

前言

和所有的工業產品一樣，文具是由人所設計出來的，也是由意志所創造完成的。

無論產品構造多麼簡單，在設計時，都需要思考外型、材料、構造，並描繪出藍圖，才能決定產品款式。即使是一個不起眼的小零件，也需要細心的規劃才能呈現出來。

當然，產品的設計講究程度，從隨意決定到追求完美至極限，各有不同。然而，如果產品的設計是為了實現過去所未達成的性能與功能，其創意與外型必然蘊含了設計者的意圖。因此，我們經常可以從產品的樣式，來推斷該產品設計的原始用意。

本書是以作者在「日經TRENDY」網站所連載的專欄《最新文具樂園》為基礎，基本上是從我個人興趣為出發的「產品側寫」評論，所選擇的產品，也跟一般市面上常見的文具稍有不同。

對產品進行側寫，就像是一種動腦的益智遊戲，我所能有的情報是產品的外型特徵與構造，因此必須去猜想製造者生產這項產品的目的，以及設計意圖、想法等。在進行評論時，我是自己購買有興趣的產品，親身使用並觀察，找出該產品的優點和特色，並對製造者的原始想法加以推敲，以挖掘出製造背後所下的功夫。

這項評論遊戲的基本規則，就是避免廠商、開發者等業內情報來源，只透過一般的工具、測量器材或工學、設計學知識，來獲得產品的第一手資料，以免受到干擾（有參考產品目錄與商品包裝上的說明）。必要時，我會將產品分解、拆開並測量，或與其他類似產品比較。由於製造者的想法並非以語言呈現，因此這種遊戲也沒有「標準答案」。只要讀者細心觀察，也必定可以像我一樣，從產品的構造、材料、外觀等，清楚描繪出製造者生產的意圖。

我本人非常喜歡文具，這當然是最重要的理由，但相信本書的主題，同時也是最適合讀者自行進行評論的題材。

首先，文具在日常生活中隨處可見，透過親身使用，可以實際感受、體驗文具的功能。其次，文具大多都是較便宜的量產商品，構造簡單，功能容易掌握，零件數目也不太多，容易拆解。由於產品的外型與功能不可分離，把文具拆解，就可以觀察瞭解，因此把文具拿來當作主題是再適合不過了。

不過，由於本書的文具調查報告，是彙整我個人的分析與推測，基本上在網站連載時是「不」接受質問的（成為書籍之後，讀者便可以向出版社提問），因此內容可能有我個人判斷錯誤，關於這點還請見諒。

本書所介紹的產品，各有其優點與特色。我挑選這些產品的原因，並不只是根據性能的優勢，最重要的還是對於產品所隱含的思想，能夠使我產生共鳴。因此，本書並不是一個單純的文具資料庫。由於我對產品的挑選具有個人偏見，但每位讀者的工作、生活狀況等都各自不同，因此書中所介紹的產品不見得是您的最佳選擇。所以，還請讀者不要直接把本書當作產品購買的參考指南，而是參考文中剖析產品與開發者想法的角度，去評估篩選適合您的產品。

　　每天親手分析這些日常生活中的文具，每每可以感受到開發者為了讓產品問世所灌注的熱情。我希望本書也能將這種熱情傳遞給讀者。

　　我希望本書只是一個開始，若能因此使您多留意文具這種生活上的小幫手，就是我最欣慰的一件事。

文具王・高畑正幸

目錄

● 書寫　　◐ 更正　　● 裁切　　◔ 黏貼
● 裝訂　　◑ 印記　　● 其他

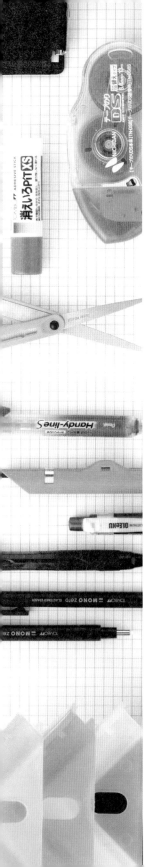

1

變冷後就會復原!?能擦掉的鋼珠筆與性感馬克杯其實有密切關連…

書寫 FRIXION魔擦筆（PILOT百樂文具）

「FRIXION魔擦筆」是由百樂文具所發售，一種能擦除的鋼珠筆。外觀為一般的拔蓋式，看起來平凡又普通。使用方式與一般的鋼珠筆相同，能流利書寫筆記，但是最大的不同在於，寫錯的時候，只要用筆尾所附的灰色橡皮擦，便能將文字迅速擦除。

消費者從很久以前就對能擦掉的鋼珠筆有需求，因此也出現了原子筆橡皮擦、修正液與立可白的對應產品。不過製造廠商從幾十年前就知道，其實消費者真正想要的是跟自動鉛筆一樣，可以輕易擦掉字跡的鋼珠筆。「如果有可以擦掉的鋼珠筆，那就太方便了！」不過，光是用嘴巴說，是不可能出現的。究竟要怎樣才能擦掉鋼珠筆的字跡呢？這始終是各家廠商的一大研究課題。

在此之前，市場上出現的可擦除鋼珠筆，作用原理幾乎都是跟鉛筆一樣，是利用橡皮擦的摩擦除去字跡。但是一旦墨水滲入紙纖維太

「FRIXION魔擦筆」共有8色，每枝日幣210元。有替換用的筆芯。

深，即使用橡皮擦擦再久也很難清除，所以廠商就想出辦法，讓墨水的分子顆粒變大，這樣墨水就無法滲入紙纖維，還將墨水中幫助固定在紙上的黏結劑功能減弱，造成一種「暫時附著在紙上」的狀態。只不過，這種筆的字跡雖然可以用一般的橡皮擦除去，但由於不同的紙有不同的紙質，有時墨水還是會滲入纖維，或是時間太久導致墨跡難以清除。在此要介紹的FRIXION魔擦筆，所用的「消去」字跡原理，則是與上面完全不同的全新方式。

魔擦筆的英文「FRIXION」來自於英文的friction，意思是「摩擦力」，這隻筆是用筆尾的橡皮摩擦時產生熱，使墨水的溫度上升。這種墨水在常溫下是有色的，但是到60～65℃以上就會變透明，字跡也會因此消失。再者，由於橡皮擦與一般完全不同，無論怎麼擦也不會減少，更不會製造出橡皮屑。而且，只要用普通的橡皮擦也能代替專用橡皮，或是以吹風機、打火機等工具加熱，一樣能使筆跡的顏色消失。

在魔擦筆的墨水中，含有上色用的微小顆粒，稱為「粒狀微囊」（microcapsule），每顆粒狀微囊裡面含有三種成分（以下用ABC表示）。

A成分單獨存在時是透明的，A與B成分結合時，就會變成有顏色、可以看得見的染料，在常溫下，A與B會一直維持結合狀態。然而一旦溫度升高，第三種成分C就會把B成分搶走、結合，於是恢復A成分單獨存在的透明狀態。使得A成分發色的關鍵B成分，是受到溫度的因素來決定是否與A成分結合，因而造成有色或透明狀態，而可以改變這種變化的

因子就是C成分。總之，魔擦筆的發色原理有點複雜，但即使不理解也不妨礙使用，我們只要知道這種筆的墨水裡有一種會因溫度變化而影響顏色變透明的成分就足夠了。

要注意的是，如果環境溫度降到零下10～20℃時，變透明的墨水就會恢復發色狀態。因此，如果把「擦去字跡」的紙頁放入冰箱冷凍庫，或用冷凍噴劑噴灑，消失的字跡就會再度浮現。這就好像菜鳥間諜愛用的把戲。儘管很有趣，但這麼做會讓頁面上所有寫過的字跡都「復活」，請特別小心。能讓字跡恢復可以說是這種產品的附加功能。另外使用時還要留意的是，在擦掉字跡時，也要注意紙背與其他相鄰頁面。如果擦得太用力，有時連紙背面的字也會消失。

這種會因溫度而變化的墨水，製造成可擦除的鋼珠筆上還是史上頭一遭，不過，製造廠商百樂文具生產溫度改變顏色的墨水，已經有超過30年的歷史，應用在其他產品中※。

這項產品是否讓您聯想到什麼？沒錯，最容易聯想到的，應該就是一種「性感馬克杯」；有一種印有女性照片的馬克杯，只要注入熱水，照片上的衣服就會變透明。常在風景區紀念商品店中出現，這種馬克杯，也就是利用了這種變色墨水。另外還有在浴室使用的幼教玩具，只要遇到熱水，上面的圖案、文字就會出現或消失、變色等等，這些產品都是使用了類似的墨水技術。

由於這種墨水的技術已經受到人們長久的運用，因此對於溫度與特性的變化，已經受到精準的控制。舉例來說，啤酒機的桶子表面在一定溫度時，會浮現「可以喝了」的文字，這也是使用同樣的方法。儘管變色墨水問世已經很久，不過要應用在鋼珠筆上，除了要調整到適當的溫度，還有墨水顏色是否受歡迎，微囊顆粒大小等許多問題。雖說魔擦筆在筆跡的粗細、顏色、筆桿尺寸等使用層面上還不能說是完美的產品，但就「能擦掉字跡的鋼珠筆」此一需求，FRIXION魔擦筆已經非常接近終極的完美解決方案。

最後還有另一個注意重點，就是這種筆「不可以使用在證書、信件或簽名」，理由在於，紙張在郵遞過程中會通過光學自動分信機，或在車輛運輸途中經常會發生溫

度超過65℃的情形，結果可能造成字跡消失，郵件無法送達，至於不能使用在證書上的理由更是不需贅言。

　　原本鋼珠筆的誕生就是「無法擦除」，這個特性在商務或法律文件上最為適用。現在能擦除字跡的鋼珠筆問世之後，相信各種用來提供證明的文件，以後可能會出現信賴性的問題。無論是否故意為之，希望大家在使用這種筆的時候，務必要認清這一點。

（2007年11月8日發表）

※會變色的鋼珠筆以前曾發售過。目前已停產。

2 外觀很科技化，卻可以寫出美美的「楷書」

書寫 旋轉自動鉛筆（三菱Uni KURU TOGA自動鉛筆）

日語的文章與中文一樣，自古以來都是直書縱向排列，因此有許多橫向的筆劃。而大部分的中文漢字也都是由平行的橫線構成。以「書」這個字為例，橫寫的線就有8筆。如果以日本最普遍的筆記本罫線（格線）——B罫（6mm）來書寫，「書」字有8筆橫線，就需要筆劃的8倍空間：假設每一筆的筆劃空間相等，「書」的空間就需要每一筆劃的16倍（如右圖）。

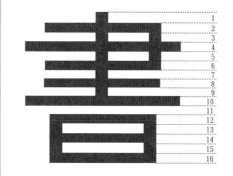

簡單地計算一下，每一道橫筆的粗細，在B罫筆記本是6／16＝0.375mm。

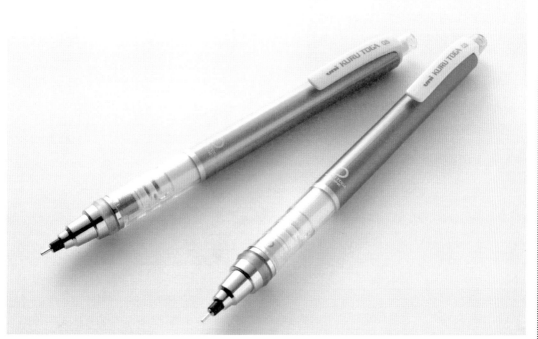

「三菱Uni KURU TOGA自動鉛筆」售價日幣472元。筆芯尺寸分為0.5mm與0.3mm兩種，0.5mm的筆桿顏色有6種，0.3mm則有4種。

咦？可是一般的自動鉛筆筆芯都是0.5mm，這麼一來，想要把字塞進B罫筆記本格線，應該不簡單。筆芯是0.5mm，書寫時就要把每一筆劃的間隔調整得更細（大約0.25mm，也就是筆芯粗細的一半）。如果和歐美字母相比，由於筆畫頂多只有3道，可以想見差異會很大。此外，日本人喜好使用格線較細的筆記本，因此記筆記真可謂一種需要高度訓練的精密作業。

總而言之，對於漢字的橫線來說，好不好寫與好不好閱讀的重要關鍵，在於筆劃的粗細。再進一步深入探討，一般的鋼珠筆的尖端是球狀，書寫時傾斜角度只要能保持在一定範圍內，基本上是以點（圓形）接觸紙面。換個角度想，如果

以同樣的方式書寫，剛才所討論的自動鉛筆問題，就會變得非常嚴重。

您是否曾經覺得，自動鉛筆所寫出來的筆劃，沒有想像中那麼「俐落」呢？

正如左下圖所示，鉛筆等書寫工具與紙面的理想傾斜角度約為60度，自動鉛筆以這種角度持續寫下去，筆芯的尖端就會漸漸磨成如圖中竹筒斜剖的形狀。此時筆芯末端接觸紙面的形狀，會變成短軸0.5mm，長軸0.5×（2／√3）＝0.577mm的橢圓形（如12頁右上圖）。

從紙面的正上方俯看，慣用右手者在橫寫時，筆芯尖端與字行的方向約呈60度（如下方中央兩張照片），而接觸紙面的部位則大約會左傾30度，這時接觸面的上下寬度約0.56mm。所以若保持這種狀態橫向畫一條線，線寬就是0.56mm（見12頁右下圖。此時，縱向的線則是0.52mm。實際上自動鉛筆以傾斜角度書寫時，縱向與橫向的筆劃寬度會像這樣有些微差異）。

然而，自動鉛筆書寫時的筆芯寬度並不是固定的，因為我們在寫字時會無意識地旋轉筆桿。鉛筆轉

持續與紙面傾斜60度時書寫的示意圖。

180度，筆尖接觸紙面的形狀就會變成楔形，此時筆跡寬度會突然變得很細。在實際的書寫時，發現最細可以到0.1mm，與一般情況相差5倍。因此，即使是以同一枝筆書寫，筆跡寬度也無法保持一致。

雖然說，現實生活中的筆記，本來就會出現筆劃粗細變化的情況。但假使完全不去轉動自動鉛筆，手部保持同樣的姿勢書寫下去，理論上應該能維持理想中筆劃最「粗」的狀態。只不過這種安定

狀態（線寬0.56mm），對格線較窄的筆記本來說又太粗了，不但與紙的接觸面積是轉筆後的5倍，還會造成筆尖的壓力分散。即便寫字者一直維持相同的書寫力道，也會因壓力分散而導致字跡顏色變淡，尤其是字跡的邊緣更會變得模糊。有一些比較仔細的人，會因為防止這種情形，在書寫時不停地轉動筆軸（但也有很多人雖然沒有覺察這種情形，卻會無意識地這麼做）。

廠商為了重現轉動筆軸的動

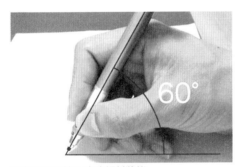

筆與紙面保持60度的傾斜狀態。

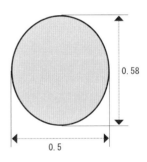

磨損的鉛筆芯尖端變成如剖開竹筒的形狀。

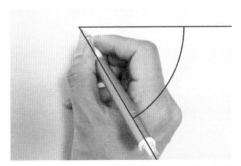

從正上方看，右手握筆者橫向書寫時，與字的行進方向約呈60度。

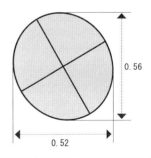

右手握筆者橫向書寫時，與字行的前進方向呈60度，與紙面的接觸大約左傾30度。

作，進而讓筆跡寬度保持在一定的狀態，問世的產品就是這款「旋轉自動鉛筆」（三菱Uni KURU TOGA鉛筆）。與筆尖相連的是內部的獨立結構（固定筆芯的部分），上面有轉輪（見右圖橘色部分），可以從筆身拆解出來。轉輪在筆軸中心處有齒輪，與筆管本身的2處齒輪嚙合。這種齒輪的設計，會沿著筆軸固定方向旋轉。

當筆芯尖端碰觸紙面時，與筆尖相連的內部結構就會陷入筆桿，此時，結構中的齒輪會接觸筆管後方的齒輪，迫使筆芯管以4.5度的順時針方向旋轉。當筆芯尖端離開紙面時，齒輪會隨著整個筆芯管結構恢復陷入前的狀況，於是接觸筆管前方的齒輪，再度順時針旋轉4.5度。因此，從筆芯尖端碰觸紙面到離開的1個筆劃之間，轉輪結構會接觸筆管齒輪2次，合計共旋轉9度；如此一來，每寫40筆劃就會轉完一圈360度。

40筆劃聽起來似乎很多，但其實光是寫「書」這個字，就必須寫10劃，也就是會讓筆尖轉動90度。「書」算是筆劃較多的

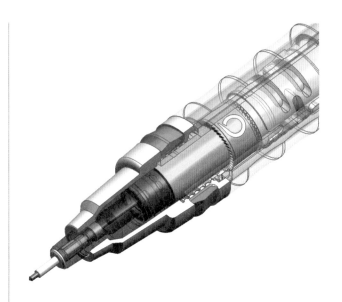

固定鉛筆芯的部分，設計了與筆管分離的獨立轉輪（橘色部分）。轉輪上下兩側都刻成齒狀，可與筆管內的2顆齒輪嚙合。

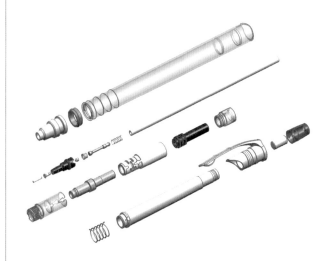

Uni KURU TOGA 旋轉自動鉛筆的零件拆解。

中文字，以寫日文字為例，包括平假名在內，平均大約每寫10～20個日文字就能讓筆尖轉動1圈。持續進行這種機制，筆尖自然會呈現圓錐形。

用這種筆寫字，接觸紙面的筆尖是呈圓錐形的稜線，由於實際上稜線稍微有點寬度，形狀其實比較接近三角形。這種形狀寫出來的橫筆線寬度約為0.26mm，而且不會忽粗忽細（下圖中可見，這種筆的縱筆寬度更小，只有0.16mm）。

左邊的斜剖形是一般不會旋轉鉛筆的書寫狀態，右邊的圓錐形則是使用旋轉自動鉛筆時的情形，可以看見兩者的筆芯形狀不同。

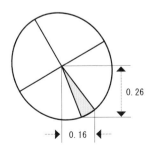

0.26

0.16

圓錐形的筆芯可保持筆劃寬度為0.26mm。

由於此筆的自動旋轉機制，使得鉛筆芯尖端經常保持圓錐形，但這種設計並不是為了畫出極細的線條，真正的目的是希望以較細的線條換取筆跡的穩定（讓鉛筆芯變尖不是目的，重點是在接觸紙面時，保持相同的形狀）。這種效果在較柔軟的筆芯上特別顯著。因此喜歡用偏「B」等軟筆芯的人，希望即使您抱著被騙一次的心情也要試一試。明明是軟筆芯，也能寫出筆劃銳利清晰的字。透過這項產品勢必能讓您實際感受到效果（由於筆芯不易折斷，請放心用較強的力道寫字。倘若筆壓太弱，齒輪反而不會旋轉）。

除了字跡變細，這種筆還有其他設計的好處。由於再也不會讓極端變細的筆芯尖接觸紙面，因此書寫時筆芯不會磨出多餘的石墨粉，筆芯也較不易折斷。

最能發揮這款產品的能力，就是以楷書書寫中文字的文章，而令人意外的是，製圖效果反而不明顯。由於結構的設計是利用筆尖接觸、離開紙面的動作使齒輪運轉，如果只是沿著尺畫出直線，齒輪就無法運轉，即使事先筆芯尖端已磨成圓錐形，只要筆劃距離過長，

就會再度成為竹筒剖面狀（同樣地，速記或草書等以連續筆劃書寫的文字，也會同樣出現不適用的問題）。

旋轉自動鉛筆雖然有著科技化的外觀，其實最適合拿來書寫文字。對於不在意筆劃粗細的人而言，它所能解決的問題可能無關緊要，但對在意的人來說，旋轉自動鉛筆可帶來的效果非常明顯，請務必親自嘗試看看就知道。

同樣的旋轉自動鉛筆產品線，還有筆芯0.3mm的款式，也具備了與前述相同的效果。由於0.3mm的筆芯更細，這種設計的效果更為明顯，大大降低筆芯銳角刮紙與筆芯因用力而折斷的情況。既然是如此高性能的設計，廠商自然會希望產品外觀具有高級感。另外，由於在書寫文字時特別能彰顯這枝筆的功能，公司貼心地在筆桿握柄加上同公司所開發的「α-gel」衝擊吸收素材，讓書寫感更穩固，不過由於「α-gel」不透明，我覺得為了能夠讓使用者實際看到內筆管旋轉的過程，筆桿的設計最好還是採用能看見內部構造的透明素材。

（2008年3月27日發表）

2008年產品問世，有兩種款，一種是散發出高級感的High-grade（左圖，日幣1050元），與另一種是採用了衝擊吸收素材的「α-gel」（右圖，日幣892元）。

3 「不用筆蓋的螢光筆」竟然是利用人偶的「眼皮」機關！

書寫 Handy-lineS自動螢光筆（Pentel飛龍）

以下要介紹不用筆蓋的「飛龍Handy-lineS自動螢光筆」。

除了採用按壓式這點，外觀看來就跟一般的螢光筆沒兩樣，但對於外出作業與活動等，不是在平坦的桌面上進行書寫，又需要以螢光筆劃線的人來說，按壓式螢光筆真是一大福音。

對鋼珠筆而言，按壓式並不稀奇，一旦說到螢光筆，現在市面上可買到的按壓式產品就只有飛龍這款自動螢光筆，以及東海的「OSTO」跟SANFORD的「Sharpie Accent RT」三種，出乎意外地少。

螢光筆類的麥克筆，由於墨水接觸空氣的面積比鋼珠筆大很多，因此筆尖變乾的速度也很驚人。除非使用特殊的墨水，否則只要讓筆尖暴露在空氣中數小時，螢光筆就再也無法使用了。

因此，即便是採取按壓式，螢光筆也不像鋼珠筆那樣，只把筆尖縮進去就行。螢光筆必須要阻斷空氣與墨水接觸。所以，在將筆尖收

「飛龍Handy-lineS自動螢光筆」售價日幣157元，共有6色。

回去的同時，內部也必須設計成可以緊閉的構造。

到此為止，我寫的是每個人都能思考出來的簡單道理。而接下來所要介紹的重點則是在筆內暗藏的蓋子上。

按壓式螢光筆是古早產品

前面提過的產品OSTO與Accent RT基本上都是採取相同的設計構造。在筆內藏有瓣狀的蓋子，而且是用細線控制的。當按壓筆尾時，滑動裝置就會向前，細線放鬆，推開筆尖並打開蓋子。當滑動裝置後退時，細線則會拉緊，使蓋子緊閉。這種構造，老實說還真有趣。

OSTO的設計曾經有過小幅度的升級，那應該是在我高中時代的事，所以這種筆已經有近20年的歷史了。很意外地，沒有蓋子的螢光筆竟然是老舊的技術。題外話，一提到工業產品，相信大家總是會聯想到金屬聲「咔鏘」的硬邦邦設計，然而這種以細線控制的筆蓋機關，還真是柔軟的「靈活創意」啊。

OSTO的透明筆桿讓人可以清楚地看見筆管裡的構造，不過如果沒有仔細觀察，就不會發現它的機關。雖然說OSTO的創意很了不起，這款產品儘管也具備了按壓式所帶來的可攜性，但是以畫線用的麥克筆來說，筆頭還是太粗了。

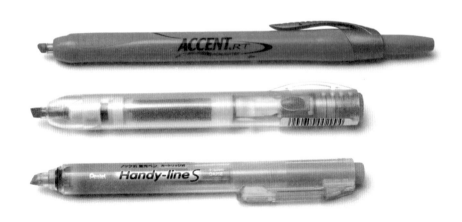

由上起，SANFORD的「Sharpie Accent RT」，東海的「OSTO」，飛龍Handy-lineS自動螢光筆。

自動螢光筆的蓋子竟然是「眼皮」

相較之下，接下來要介紹的本文主角「Handy-lineS自動螢光筆」就設計得非常細緻，乍看下跟普通螢光筆沒兩樣。這種外觀乍看之下並沒有把性能突顯在設計上，但相對地，能把不一樣的功能容納在平凡的外表之下，是一件非常了不起的事。

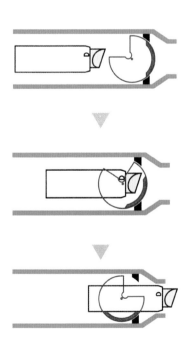

重點在於筆尖兩側的小突起，以及可以旋轉的球殼狀零件（上圖）。筆尖向前伸出，突起就會垂直嵌入球殼（中圖），使得球殼以90度旋轉，打開「眼皮」（下圖）。

這隻筆的設計構造，是本文所要介紹的重點，老實說，我在知道了以後也不禁佩服。這枝自動螢光筆的蓋子特徵在於，如果從筆尖向筆管內窺看，會令人不禁發出「咦？」的驚呼聲。前面提到的OSTO蓋子會像花瓣般啪噠啪噠地開闔，不過Handy-lineS自動螢光筆不同，與其說那是筆蓋，還不如說是人偶的眼皮開闔。我的妹妹小時候有一個睡著時眼睛可以閉起來的娃娃，兩者感覺非常相似。

當眼皮眨動的同時，自動螢光筆筆尖就會迅速伸出來，不論重複操作幾次，筆尖和眼皮兩者的配合時機總是恰到好處。這究竟是怎麼辦到的？我不禁想要仔細觀察這枝筆的構造。

筆桿本身是透明的，可以看到裡面的構造。我將筆拆解後，參照構造，將動作描繪出來，並將零件的運作方式畫成簡單的示意圖（請見左圖）。

這隻筆的設計重點，在於可滑動筆尖左右兩側所附的小突起，與旋轉球殼狀零件的搭配。球殼狀零件如左圖有一塊90度的嵌入口，剛好可以與筆尖的小突起契合。當筆尖向前推出時，筆尖兩側的突起

物就會嵌入球殼，巧妙地將蓋子轉開，筆尖就不會碰觸到蓋子。

這種動作就好像眼皮的眨動（示意圖的「眼皮眨動」剛好上下顛倒）。筆尖縮回去時，就會以相反的順序旋轉球殼，讓眼皮閉上。球殼狀零件的周圍由一圈橡皮環所包裹，所以「眼皮」閉上時就會不出現空隙，藉以阻斷外界的空氣。在筆尖的前進方向，有呈直角旋轉的球形蓋子，這種獨特的設計甚至超越利用細線拉扯。明白了其中原理後，可以得知這種設計較為單純，但要保持蓋子的緊密度仍需精密的加工技術。

可更換墨水的驚人機關！

關於這枝自動螢光筆，還有其他按壓式螢光筆所缺乏的2個獨到特徵，第一個特徵是，墨水可替換；第二個是打開筆夾就能收納筆頭。

這兩者對鋼珠筆而言都是很普通的設計，一般按壓式鋼珠筆控制筆尖伸縮的構造是放在筆尾。但由於自動螢光筆的蓋子必須配合各式機關零件，因此想要將筆頭拆解下來就變得相當困難。這麼一來，在正常的情況下，不管想從前面或後面更換替芯，都會變得非常麻煩。

然而Handy-lineS自動螢光筆卻以極巧妙的方法解決了上述問題。重點就在「筆夾」。一般按壓式的複雜機關都是設計在筆桿中，但這枝筆的秘密卻是隱藏在筆夾裡。

Handy-lineS自動螢光筆能更換筆芯，替芯一枝日幣84元。

當「眼皮」眨動時，筆尖就會迅速伸出，不論操作幾次，配合時機總是恰到好處。

秘密就在筆夾裡！

把筆夾翻過來，可以看到裡面有個螺狀的小零件，這就是關鍵所在。當按下筆尾的滑動裝置時，筆芯容納槽附有的兩塊高度不同的「角狀突起」，會隨之跳出筆桿本體外側（筆夾的內側）。

當打開自動螢光筆時，筆桿內的滑動裝置向前移動，角狀突起同時也會跟著移動，伸出筆尖。此時，前方較矮的第一個角狀突起會與筆夾內的螺狀零件接觸，使得螺狀零件向右推倒，於是角狀突起可以通過。而關上時，角狀突起返回原位，順帶勾住螺狀零件，於是固定住。

「一石三鳥」的絕妙設計

當我們要把筆尖縮回筆桿而再度按下筆尾開關時，此時，後方較高的第二個角狀突起就會與螺狀零件接觸，只不過這一次接觸的是與螺狀零件傾斜方向相反的部分，於是造成螺狀零件向左倒。在這種狀態下，前方較短的的第一個角狀突起後退時，螺狀零件就會閃開，於是第一個角狀突起就可以通過，如此使得滑動裝置順利運作，使筆尖收納完成。

巧妙地利用附在滑動裝置上的兩塊角狀突起，控制接觸順序與方向，就可以依照順序精準地掌握筆尖的滑動。

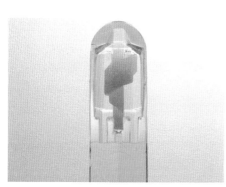

筆夾內側有一個螺狀的零件。

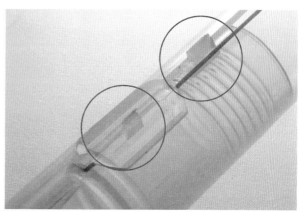

可滑動的筆芯槽部分，附有兩塊高度不同的「角狀突起」。

此外由於螺狀零件亦與筆夾、筆桿相連，當拔起筆夾時，角狀突起失去固定，會使得滑動裝置受到彈簧的力量而後退。這種經過特殊設計的筆夾，除了可以進行一般按壓動作使筆尖進出筆桿，而不需要另外的特殊裝置，就能輕而易舉地從筆尾替換墨水，這簡直就是「一石三鳥」的絕妙設計。在還沒有拆解這項產品之前，我不知道這枝螢光筆夾內部竟有如此奧妙。

這是一枝「售價150日元的按壓式自動螢光筆」，單從名稱上看不出這其實是個了不起的產品。為了實現文中介紹的機能，製造者所構思出來的美妙裝置與精巧構造，在在令我看傻了眼。

（2009年12月3日發表）

一般設計在筆桿本體內的按壓式複雜裝置，Handy-lineS自動螢光筆則是放在筆夾內側。

鋼珠的旋轉次數，媲美F1賽車！ 書寫超流暢的油性鋼珠筆

書寫 JETSTREAM溜溜筆（三菱鉛筆）

三菱鉛筆（Uni MITSUBISHI PENCIL）出產的「JETSTREAM溜溜筆」是世界第一滑溜的油性鋼珠筆。「溜溜」真是名符其實，書寫感簡直就像在玻璃表面寫字，因為太滑溜，有時還會令人感到困惑。

這款鋼珠筆是在2006年7月發售的，同年底就得到日本經濟新聞的「日經MJ熱門商品排行」（MJ, Marketing Journal 流通新聞）選為「前頭」（相撲力士十級中的第六級，相當於第五名）。由於其高度性能廣受好評，2007下半年還陸續發售了橡皮握柄款與「α-gel」（在握柄部分使用類似運動鞋底的高科技凝膠狀材質）握柄款。

一般的鋼珠筆大致可分為油性、水性，以及膠狀墨水3類。其中歷史最悠久的當屬油性鋼珠筆。然而，近年來膠狀墨水因在發色鮮豔與極細化上的迅速發展，較高的性能使得顏色種類偏少的油性鋼珠筆變得黯淡無光。不過即使如此，油性鋼珠筆佔全體鋼珠筆的銷售數

「溜溜筆」SXN-150售價日幣157元，墨水顏色分黑、紅、藍三種。鋼珠有0.7mm、1.0mm兩款。

量還是超過35％，銷售額則佔將近45％（資料來源：2006年 日本經濟部 纖維、生活用品統計年報），因此油性鋼珠筆毫無疑問地依舊是主角。

一般而言，油性鋼珠筆較水性或膠狀墨水鋼珠筆更易攜帶，書寫持續力強、速乾、耐水，在不同的天氣狀況下都適用，而且油性鋼珠筆較不易受筆壓與書寫速度的影響，優點很多。然而相對於水性或膠狀墨水，由於油性的墨水黏稠性較高，開始書寫時手感較沈重，為人所詬病。幸好有這款溜溜筆的誕生，解決了鋼珠的摩擦問題，實現了使用油性墨水時令人驚豔的輕盈書寫手感。根據生產廠商的測試，除了在極端的環境之下，在100～150g的筆壓下，成功降低了30～45％的摩擦。對於這些數字您不見得能體會，但只要實際試過一次，您一定能明顯感受這項產品的獨到之處。

在鋼珠筆的構造中，鋼珠與筆尖之間有很小的空隙，由於在書寫時鋼珠受紙的摩擦力而滾動，於是將筆芯中儲存的油墨轉印到紙上。寫字時，筆尖上的鋼珠附有一層薄薄的墨水，墨水除了變成字跡，還兼具潤滑劑的功能，因此鋼珠筆的墨水不只要發色明顯、牢固附著於紙面，還必須同時滿足潤滑的需求。

再者，由於墨水在紙面上必須迅速乾掉，但是又不希望筆放置一段時間沒有使用，就會因為墨水變乾無法順暢書寫。由此可見鋼珠筆的設計必須考慮許多不同層面，根據不同的狀況，所需要的功能可能會有矛盾之處。因此，想要兼具所有功能，又要大幅降低摩擦係數，這可不是件容易的工作。

讓我們先來想一想，一般鋼珠筆的使用環境。

日本油性鋼珠筆最普遍的尺寸，鋼珠的直徑為0.7mm，假設測試時以1秒鐘的時間通過50cm，這時的鋼珠旋轉次數就能透過算式求出。當我們拿筆沿著尺畫線時，鋼珠的旋轉就是這個速度。當然，溜溜筆毫無疑問地可通過這項考驗，而且恐怕還是全世界進行這項測試時最順暢的油性鋼珠筆。

鋼珠轉1圈所走的距離為直徑×3.14＝0.7×3.14＝2.198（mm）

前進50cm（500mm）所旋轉的次數則為500／2.198＝227（轉）

因為這是在1秒鐘內完成的，由

上得知鋼珠筆每秒轉動227次，因此1分鐘的旋轉次數就是227的60倍——也就是1萬3620轉。

這裡假設鋼珠筆是在不會打滑的接觸面上所求得的計算結果，或許您會認為，實際的旋轉次數應該少於這個計算結果。事實上，如果鋼珠不旋轉就無法釋出墨水，所以實際數字並不會相差太多。

如果您熟悉汽車或機引擎，應該會知道鋼珠的旋轉速度非常驚人。大家不妨去看看車子的轉速表（顯示引擎轉速的儀表）。一般汽車的引擎大多介於2000到5000轉，超過8000轉就會進入紅色範圍，代表「別再加速」了。而溜溜筆的轉速足可與方程式賽車媲美（2007年F1錦標賽的引擎轉速規定上限為1萬9000轉）。

即使鋼珠筆不可能像賽車般持續運轉，但瞬間的轉速確實不遜於賽車。我曾在「電視冠軍」節目中實際以另一個牌子的鋼珠筆持續畫線，畫了超過5000公尺墨水才用完，期間鋼珠並沒有發生脫落等異狀。

書寫時，鋼珠除了必須承受驚人的瞬間高溫，況且鋼珠上也沒有像汽車一樣的避震器，而會直接接觸凹凸不平的紙面。不論如何看待，這種產品的精密與耐久性都不輸給其他機械製品，而對於墨水的嚴苛要求更是沒有退讓的餘地。看似平凡無奇的鋼珠筆卻一點也不平凡。如此樸實進化的「成果」能以區區150元日幣購得……我覺得真是太了不起了。

（2008年1月10日發表）

橡皮握柄，售價日幣262元。

α-gel材質握柄，售價日幣1050元。

「空氣加壓」的鋼珠筆。強化工作現場使用度，讓人脫帽致敬的設計！

書寫 Air Press氣壓隨寫筆（蜻蜓牌TOMBOWトンボ鉛筆）

人類居住的地球，在宇宙中是個極為特殊的環境。

地球上有空氣跟水，還有適當的溫度……據天文學家說，要找到跟地球一樣能誕生生命的星體機率很低，這個道理應該不難想像。然而，對一直生活在這種環境的我們而言，總是視為理所當然，平常根本不會去在意這件事。同樣地，在日常生活所使用的各種工具，大多都是要在地球這種環境下，甚至是條件更嚴苛的環境中才能使用，但是大多數人卻很少意識到這一點。

以鋼珠筆為例。我們平常總是隨手拿起、任意使用，完全沒注意到它也是僅能在限定環境下使用的工具。

鋼珠筆的結構其實比大多數人的想像還要纖細。其中最重要的，就是得依賴地球的重力。鋼珠筆的墨水是透過重力的單純因素，才能由上往下流出。因此，如果我們將鋼珠筆轉過來，筆尖朝上提高，空氣就會侵入鋼珠與筆尖的空隙。有

「氣壓隨寫筆」售價日幣630元。筆桿共有6色。

時候還會造成空氣侵入無法逸出，於是使得鋼珠筆報銷的情況，請特別注意。

此外，由於鋼珠必須適當地旋轉才能釋出墨水，所以書寫的表面也需要恰當的摩擦力，加上要能吸收墨水，使墨水牢固附著的材質。鋼珠有一半是靠筆尖的零件支撐，如果以超過45度的傾斜角度書寫時，筆尖的零件就會因為接觸紙面造成磨損，這是故障的主要原因。此外，環境中的溫度太低會使墨水凝固，溫度太高則會使墨水軟化，導致墨水從筆尖逸出。如果書寫的速度超過墨水的流動性，也會產生磨損或空氣侵入的後遺症。

總而言之，鋼珠筆理想的使用狀態是「在舒適溫度的室內，將品質良好的筆記本攤平在桌上，並以適度的速度進行書寫工作」，因此只要超出這些條件，稍有不慎就很可能使得鋼珠筆的性能無法正常發揮。這樣看來，鋼珠筆簡直就像個標準的宅男。當然，這種理想的環境，我們人類一向視為理所當然，所以不知不覺認為鋼珠筆在各種情況下都能順利使用。

不過在高山、極地或飛機內等氣壓、溫度、濕度不同的場所，鋼珠筆往往無法發揮原本的實力。當然，如果是在宇宙中，更是不在話下。在無重力的空間，墨水根本就沒辦法流出來。因此，一直以來，在這些極端的地點，人們都是使用鉛筆或簽字筆來代替。鉛筆不受重力、氣壓的影響，溫度能承受零度以下或100℃以上的高溫（而且筆芯周圍的木頭比筆芯更容易發生問題）。簽字筆則是利用不受重力影響的毛細作用，因此雖然問世的時間比鋼珠筆晚，但還是搶在鋼珠筆之前，1965年就登上了太空。

到了1969年，美國太空總署NASA以數百萬美元的巨額研究費用，委託飛梭太空筆公司（Fisher Space Pen Co.）首度製造出能在太空中使用的鋼珠筆，並成功送入宇宙。這種太空筆的替芯有密閉儲墨槽，並在尾部灌入氮氣，產生壓

2011年1月三菱鉛筆發售的極細「POWER TANK」（鋼珠直徑0.5mm）

力，因此筆管裡的墨水保持朝向筆頭的狀態，終於成為一款即使在無重力環境下也能使用的鋼珠筆。這種太空筆由於具有特殊構造，對氣壓與溫度變化的適應力非常強，即使書寫表面是濕的、凹凸不平的，也能在上面寫字。

　　或許讀者們會覺得這種產品與我們的日常生活無關。的確，我並不認為本書的讀者中有人最近會上太空，不過，雖然不是什麼特殊的場所，但是當我們要在牆上的月曆寫字，或是仰躺在床鋪上，筆尖朝上寫東西或筆記時，一般的鋼珠筆就很難發揮功能。舉例來說，對於住院臥病在床的人而言，躺在床上寫字的環境就超出一般鋼珠筆的適用範圍。原本我們覺得理所當然的工具，偶而也會出現功能的侷限。

　　這個時候，太空筆就可以在地球表面派上用場。但話說回來，就算是最便宜的太空筆也要台幣數百元，似乎有點昂貴。三菱鉛筆針對這種想法而開發出的低價普及品，就是「POWER TANK」，這種筆內部以類似太空筆的原理，灌入約3個大氣壓的空氣，儲墨槽使用便宜的塑膠製品（不會漏氣的特殊塑膠），讓人們能輕鬆購買。這一項

產品可以將筆尖朝上或在水中使用，因此立刻博得了有特殊環境需求消費者的青睞。

　　這類加壓過的鋼珠筆，對於不在辦公室工作的人可說是一大福音。例如記者在現場採訪時，可能必須因應各種不同的狀況來寫字，使用這種筆就不必怕紙張潮濕，因此就算在工地或野外使用也能安心。此外，在低溫的冰庫中使用也沒問題。

然而，之前加壓筆的構造都是著重在替芯部分，所以替芯的體積特別大。TOMBOW鉛筆為了改善這種狀況，於是推出了「Air Press氣壓隨寫筆」。這項產品不是在替芯內部加壓，而是透過筆桿加壓，而且所使用的是一般的鋼珠筆替芯，非常特殊。

Air Press所採用的加壓方式和太空筆、POWER TANK一樣，是以空氣壓縮來擠壓墨水，不過替芯卻沒有什麼不同。（事實上，Air Press的替芯與同公司的4色鋼珠筆「迷你4色原子筆」是共用的）。

Air Press筆桿有一半空間配備著壓縮空氣的幫浦，只要按壓這個幫浦，就能壓縮空氣，對墨水加壓。POWER TANK是將壓縮空氣灌入替芯，而Air Press是在每次按壓時壓縮空氣，所以不但壓力不會衰減，而且可以只在必要的情形下對墨水施加壓力。加壓的情況可透過筆桿側邊壓力指示器的小視窗顯示（更正確地說，壓力是無法看見的，但可以從小視窗看見內部零件的加壓動作）。對消費者而言，雖然在筆芯伸出時還要多做一個按壓幫浦使空氣加壓的動作，但所需的力道很小，不至於造成負擔。

當然，與墨水性質經過調整，且具有密閉儲墨槽的POWER TANK相比，Air Press的產品在性能上只能算是簡單型，因此也有缺陷（如果一直保持按壓的狀態，氣壓就會迫使墨水流出，書寫時墨水便可能滴出，所以使用完畢務必要將按壓狀態解除）。然而我認為，Air Press的只要合乎規格，即使不是特殊墨水替芯也能加壓的設計，讓應用範圍更廣泛。另外，由於消耗品替芯不

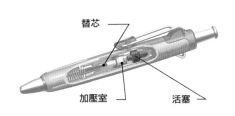

「氣壓隨寫筆」的構造

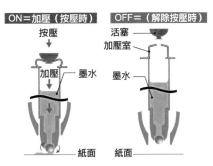

只有按壓時才會加壓的構造

需要額外的零件，在用完丟棄時也更環保。

這款鋼珠筆並非想要達成技術上的極限，而是想要延伸到日常生活以外的「工作現場」。就這層意義來考量，即使使用普通鋼珠筆的替芯，也能倒著書寫，而被水沾濕的紙張也不再是筆記的障礙，如此提升了筆的性能，使得這款產品鶴立獨群。實際使用之後，感覺一樣良好，即使使用與迷你4色原子筆相同的替芯，由於氣壓隨寫筆可以利用較輕的筆壓，使墨水順暢流出，使用者可以明顯感覺到手感變得更好。

此外，此筆以「工作現場使用」為依歸的設計，不僅僅是加壓系統而已。Air Press稍短的筆桿，整體以橡皮包裹防滑，零件設計比一般筆較大，想必是考量到消費者戴工作手套寫字的需求。再者，這款產品的按壓頭零件較長，頂端平坦，也是為了配合使用者無法用手開關，而必須以牆壁或膝蓋按壓的狀況。

Air Press的筆夾形狀獨特，是利用中間的金屬線與下方的零件互相卡住，具有彈簧的功能。由於金屬線可以卡住下方，拉開筆夾時，下方的塑膠零件便會自然翹起，如

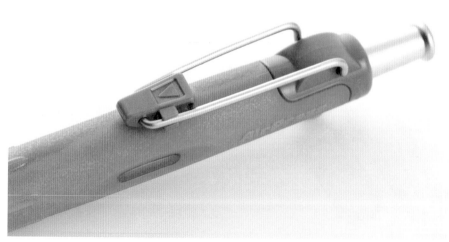

Air Press 氣壓隨寫筆外形獨特的筆夾。

此利用下方零件自然恢復原位置的力量來夾住東西。這個原理跟汽車的扭力桿彈簧很像，越野車的避震系統就常採用這種構造，是一種效率非常高的彈簧裝置。構造單純又不易損壞，彈簧積蓄的力量也夠大（力道強）。當然，上面有穿繩吊掛專用孔，這也是「工作現場」所必須的。

雖說Air Press氣壓隨寫筆的主要賣點還是在於加壓系統，但許多設計點子都符合了「工作現場使用」的訴求，這種令人能安心使用的設計，確實了不起。替芯與同廠商的「迷你4色原子筆」可以共用，除了黑色以外，還有紅、藍、綠色替芯，是過去加壓式鋼珠筆所沒有的便利性（不過，據說在潮濕的紙張書寫時，紅、藍、綠替芯偶而有無法發揮氣壓隨寫筆性能的情形）。

我覺得，難得有這麼優秀的商品，真希望還能繼續發表運用範圍更廣的長替芯。不過，由於按壓的加壓室空間並不大，長度123mm的短筆桿，插入工作服等口袋是恰恰好。再者，如果替芯變長了，墨水快用完時，替芯內需要加壓的空隙會變大，可能會造成無法獲得理想加壓效果（註：據廠商表示，替芯的長度是配合筆桿，與加壓構造無關）。由於墨水流出順暢，還真有點擔心這種較短的替芯很快就會寫完。我希望以後能採用更長一點的一般替芯，期待日後的開發成果吧。

（2008年4月17日發表）

包裝獨特，充分突顯了「在工作現場使用」的訴求。

「揹插vs夾抱」！最搭筆記、手帳的「附屬配件」鋼珠筆

書寫 ONBOOK（TOMBOW鉛筆）／BINDER BALL夾型筆（Sun-Star文具）

　　筆記和手帳近來的確大舉進化，出現了許多有趣的產品，我們這次要討論的主題正是不可或缺的隨身攜帶用筆。

　　想要隨時在手帳上寫字，就必須隨身攜帶書寫道具。如果攜帶筆盒或將筆插入外套口袋攜帶，臨時想使用時，手邊不見得能馬上拿到。

　　為了應付這種狀況，最穩當的做法就是把筆和手帳放在一起。市面上有許多相關商品，如手帳附有插筆槽或皮套等，在琳瑯滿目的選擇當中，這裡要介紹筆與手帳「緊密結合」的兩種文具。

　　第一款是TOMBOW鉛筆的「ONBOOK」。這項產品的特點正如其名。沒錯，它就是一款能讓手帳「揹起來」的筆。（譯註：「ONBOOK」與日文動詞「揹負」發音相似。）

　　這款細緻的筆特別設計給手帳使用，筆夾能穩固地插入手帳封面書背的狹小空隙，看起來好像手帳

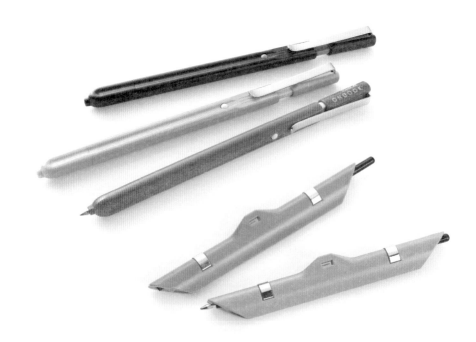

（上）「ONBOOK」有鋼珠筆與自動鉛筆兩種選擇，售價各為日幣367元，筆桿各有6色。　（下）「夾型筆」，日幣399元，筆桿共有6色。

把筆「揹」起來。最大的特徵是筆桿的剖面形狀，橢圓形圓周有一部分的凹陷，呈「蠶豆形」，當把筆插入手帳背部時，這個凹陷下去的部分剛好可以服貼在手帳背部的弧狀凸起。

此外，由於筆夾的高度幾乎跟筆桿上端平行，因此手帳在「揹」筆的時候，筆頭不會突出一截。它算是筆芯非常細的鋼珠筆，筆尖並不在橢圓筆桿的正中心，而是在筆尖豆形的重心。乍看之下，會覺得這枝筆好像重心不穩，但實際寫起來並不會有什麼異樣的感覺。

即使是在手帳打開的狀態下，手帳背部依然有足夠的空間輕鬆插入這枝筆。插入後蓋上手帳，筆桿的凹陷處恰好能配合手帳背的弧度，更增添了安定感。這款產品有鋼珠筆與自動鉛筆兩個版本。筆桿上凹陷處的按鈕讓鋼珠筆可以隨意收起筆尖，只要按下筆頭就能讓筆尖再度跳出來。

要發揮這款ONBOOK筆的功用，前提是手帳的背部必須要有空隙，例如，如果是普通的筆記本、

把ONBOOK的筆夾插入手帳背部的小空隙，看起來就像完美地讓手帳將筆「揹」起來似的。

ONBOOK的筆尖並不在外圈凹陷的橢圓圓心，而是在豆形筆桿的重心上。

筆桿的剖面形狀非常有特色，呈現蠶豆形……覺得更像「豬鼻子」形狀的，應該不只有我吧。（笑）

活頁夾式的萬用手帳就不適合。不過，由於大部分的筆記和手帳都能滿足這個條件，所以適用範圍已經算是很廣泛。此外，就算真的無法插入筆記和手帳背部，而必須夾在封面上，其安定感也因為筆桿平面的服貼，比一般的圓形筆桿文具較好。

第二款產品是Sun-Star文具的「BINDER BALL夾型筆」。這款產品的構造與ONBOOK不同，是「夾抱」的方式。

BINDER BALL的筆桿有一側全都是筆夾，是用夾抱住的方式把手帳或便條紙夾起來。由於一般筆桿上的筆夾，打開的角度都是與筆桿相同的方向，而這款產品卻是與筆桿呈直角，鋼珠筆芯反而成了筆夾的支軸。這枝筆外觀乍看下似乎不好拿，其實它的剖面雖然很特殊，接近三角形，但還滿好用的。

BINDER BALL筆夾的開口處最多可打開10mm，因此，儘管全新的Bloc RHODIA便條本勉強可以夾住，但還是建議用稍薄的本子比較方便。如果本子較薄，除了可以全部夾住，還具有防止手帳打開的功能，相對地，如果是比較厚的手帳，或手帳封面採用塑膠等較滑的材質時，也可以只夾住頁面的一部分或一半。

這款產品在使用時，要先打開筆夾，筆芯才會出來，這樣可以避免在攜帶途中筆芯伸出來沾染的情

BINDER BALL 夾型筆勉強可以完全夾上新發行的Bloc RHODIA。

況。

BINDER BALL的替芯是採用一般書寫用具共通的世界規格，所以也可以購買其他公司的產品來取代。舉例來說，想在手帳上寫出細字，可以將BINDER BALL的筆芯換成百樂超細變芯筆的LHRF系列替芯。而喜歡膠狀墨水的舒適手感，則可以換成ZEBRA SHARBO X多變組合筆JSB系列替芯。

老實說，我自己本身是以外包設計者的身分參與了這款夾型筆的商品化過程，真不好意思，在這裡老王賣瓜了。

不管是要用揹的，還是用抱的，儘管方式不同，只要能讓書寫用具跟手帳緊緊相依，就能隨時在本子上寫字。請您在選購手帳時，將這些產品一併列入考慮吧。

（2009年10月16日發表）

夾型筆也可以夾在這些地方，具有多種可能。

夾型筆可以完全夾住便條本，並具有防止手帳打開的功能。

7 解除您的不滿！以「筆芯不易折斷」為訴求的自動鉛筆

書寫　OLEeNU（PLATINUM萬年筆）

按壓後，筆芯就會出來。使用時覺得理所當然，但其實自動鉛筆是一種非常精巧的產品。儘管近來有被新產品鋼珠筆搶去鋒頭的感覺，但鋼珠筆的主要客層是社會人士，而即使到了現在，學生最常用的書寫工具還是自動鉛筆，從小學一直到高中為止，都是如此。

關於自動鉛筆，最令人不滿的一點就是「筆芯尖端磨損」的問題，第10頁所介紹的「旋轉自動鉛筆」已提出了解決方案，也博得爆炸性的人氣。不過，對於自動鉛筆當然還有其他的不滿。PLATINUM萬年筆（鋼筆）想要解決的，是「筆芯折斷」的問題。由於自動鉛筆的筆芯很細，非常容易斷裂，為了減少折斷的情形，所設計出來的就是這款「OLEeNU」自動鉛筆。

按壓式自動鉛筆的構造

如果曾經因為筆芯堵塞而拆解過自動鉛筆的讀者就知道，一般自動鉛筆都是以「夾頭（chuck）」的

「OLEeNU」有日幣210元、525元，以及1050元3款（圖中為是210元款）。

2片或3片爪狀零件固定鉛筆芯。這種爪狀零件會像我們握筆的姿勢一樣把筆芯抓住。爪外還會有一個環狀的零件來固定爪子，確實將筆芯固定住。

當我們按壓自動鉛筆時，這個夾頭與環狀零件會向前推進，由於環狀零件前進的幅度比夾頭少，使得夾頭從環狀零件的束縛中鬆脫。等按壓動作結束後，兩者則會一起退回原處，此時，環狀零件又再度圈住夾頭。也就是說，在抓住筆芯的狀態下，向前推進時，環狀零件會放手將爪子解開，等爪子打開後，環往後縮，再度圈住爪子的根部，讓爪子重新抓住筆芯。這種放開跟收縮的「時間差」，就是自動鉛筆的運作關鍵。

然而，如果僅僅如此，還無法把筆芯慢慢往前送。當筆尖朝下、夾頭打開的瞬間，照理說鉛筆芯會一口氣全掉出去，此時夾頭能夠抓住鉛筆芯，是由於有個東西可以暫時將鉛筆芯留住，也就是筆尖的部分會裝上材質較柔軟的橡皮環等環狀的柔軟零件，如此一來就能適度地支撐鉛筆芯。因此，自動鉛筆的尖端不只是有孔可以讓鉛筆芯出來，還必須扮演暫時擋住鉛筆芯滑脫的角色。

總之，自動鉛筆的運作，也就是靠夾頭與環狀零件運作的時間差，加上筆尖保持對筆芯滑落適度抵抗才達成的。

一般的自動鉛筆在筆尖零件與夾頭間，會保留一段讓夾頭前後活

傳統的自動鉛筆。筆尖零件與夾頭間，有一段讓夾頭可以前後活動的空間。

「OLEeNU」的筆尖與夾頭間具有「OLEeNU保護裝置」，可以固定鉛筆芯，並防止折斷。

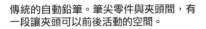

動的空間。這裡也就是本文的正題。自動鉛筆的筆芯是否會脫落，或者是會折斷、堵塞在裡面，最可能發生問題的位置，就是在這個筆尖與夾頭之間。

像自動鉛筆芯這種細長的棒狀物，對橫向力道的抵抗很低，如果用手折折看，可以發現根本不需用很大力氣就可以折斷。自動鉛筆的以筆尖與夾頭，就是在如此脆弱的狀況下夾住鉛筆芯。

當筆遇到衝擊或施加筆壓，會造成筆桿彎曲，而筆芯會承受這2處方向相反的力道，此時鉛筆芯就很容易折斷，因此斷開的總是位在筆尖與夾頭處。鉛筆芯斷掉後，會殘留在夾頭與筆尖間的空間，往往造成堵塞，使夾頭無法動作，鉛筆芯按不出來。

「OLEeNU」這款產品的設計，是將筆尖與夾頭中的空隙填滿。在這段空間裡，裝置有名為「OLEeNU保護裝置」的零件，可以防止鉛筆芯因側向的力道而在此處斷裂。不過正如前面所提過

高級款售價日幣1050元。筆桿共4色。

OLEeNU自動鉛筆的保護裝置，由藍黃兩色的2個零件組成，以3個方向圈住筆芯。

的，按壓自動鉛筆時，夾頭會一邊開關、一邊前後移動，因此若僅是在這裡塞一個單純的筒狀零件，並不能解決問題。

OLEeNU保護裝置的構造設計，可以配合夾頭的移動而伸縮。它是由藍黃兩色的前後2個零件所組成，由3個方向圈住筆芯，利用這兩個零件的配合，即便鉛筆芯的長度隨著寫字不斷變化，自筆尖至夾頭的部分永遠維持3個方向包圍的狀態。黃藍2零件透過彈簧互相擠壓，這種設計可確保筆尖沒有空隙。

若想以科學儀器測量此筆在壓力衝擊下，鉛筆芯是否較不易折斷，並不容易，因此難以與其他產品互相比較，不過，既然鉛筆芯斷裂或阻塞，大多都是發生在夾頭至筆尖區，想必這種設計一定能產生作用。

此外，在這種狀態下，即使鉛筆芯真的折斷，或是由於書寫變短了，由於有保護零件，變短的鉛筆芯也不會內亂跑或阻塞。由保護裝置支撐，即使是變短的筆芯，也可以被後面接著的鉛筆芯推出，因此在使用上也變得很方便。

對我而言，與其關注筆頭抵抗衝擊力的效果，這種防止筆芯脫落亂跑的功用反而更加重要。我在測試時，故意把鉛筆芯折成0.5mm長，塞進筆管，一般的自動鉛筆幾乎都會塞住，但OLEeNU自動鉛筆卻跟正常情況一樣，長度只有0.5mm的鉛筆芯通過了夾頭，被後面的鉛筆芯推出來，順利跑出筆尖。當然，由於此時短筆芯只受到夾頭的固定，因此要推出來，後面一定要有其他鉛筆芯。因此，只要筆管裡還有鉛筆芯，即使是再短的短筆芯，這款產品也能夠正常使用。

這款自動鉛筆在遇到筆壓過強的情形時，筆尖的彈簧會稍微縮回去（這種功能其他一些自動鉛筆也有），整體而言，這亦是一種防止鉛筆芯折斷的對策。

相信讀者們都遇過自動鉛筆折斷的筆芯阻塞的情形，只好拆開筆尖，用鉛筆芯將堵塞碎屑推出來。為了儘量避免這種情況發生，這款商品裝置了這種特殊的零件。雖說書寫的手感並不會因為這個零件而發生什麼變化，但這枝筆提供了「安心感」，也可以算是加強了文具的性能。

（2009年11月4日發表）

不要被名稱所誤導！從未體驗過的柔軟「10B」鉛筆

書寫 筆鉛筆（三菱鉛筆）

物品的取名方式，不一定符合分類學的科學，有時還會令人產生誤解。例如白蟻並不是螞蟻的近親，帝王蟹與螃蟹也不是同一種類的生物。日本人以茶碗來盛飯（譯註：日文漢字的「茶碗」就是中文的飯碗），而長距離用的高爾夫球桿叫木桿，這些都是很久以前流傳至今的習慣。現今有一些鈦或碳纖維所製的複合材料，由於一時不知該怎麼幫產品取名，因此會套用主材料的名稱來為產品命名，這種事並不少見。

文具的命名也有同樣的情形，例子不勝枚舉。如今市面上販售的橡皮擦幾乎都是聚氯乙稀、合成橡膠等塑化品所製，鉛筆裡面也沒有鉛，是用石墨（碳的一種同素異形體）製造成筆芯。鉛（Pb）與石墨（C）是完全不同的元素，性質毫無相似之處。鉛對人體有害，但舔鉛筆並不會生病或對身體健康造成疑慮。可見連文具中的代表——鉛筆，都在命名上模糊不清。

追溯歷史，在人們發現石墨以前，是使用棒狀的鉛與銀礦石削尖，作為書寫道具。當

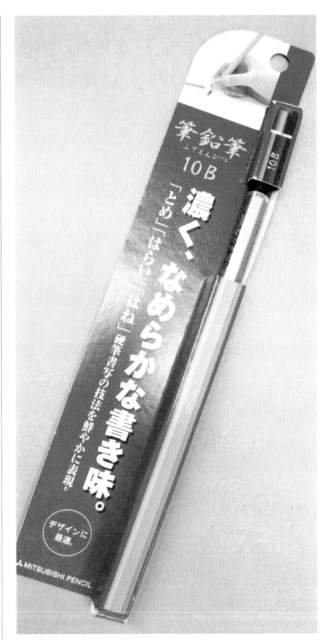

「筆鉛筆」（售價日幣420元）。可以表現出「勒、勾、捺」等書法技巧。筆芯直徑4mm。是日本群馬縣與琦玉縣內限定販售的商品。

左邊是標準的2mm筆芯直徑，右邊是4mm的筆鉛筆。從剖面可以看見清楚的粗細差異。

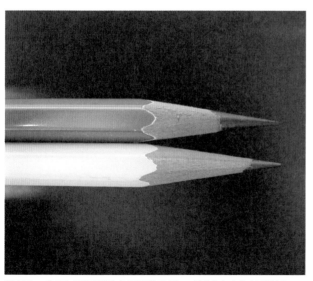
削過後，也可以看到鉛筆芯粗細的差別。（圖中上方為筆鉛筆）

然，現在的鉛筆完全不同，只不過，「鉛筆」這名字還是將錯就錯。既然曾是「以鉛製成的筆狀物」，理所當然地，鉛筆要比毛筆硬多了。以鉛筆練習的書法，我們通常稱之為「硬筆」。隨著時代的進步，柔軟的硬筆登場了。由於筆觸彷彿像毛筆一樣柔軟，所以這款鉛筆才會命名為「筆鉛筆」（註：指像毛筆般的鉛筆）。真沒想到，筆的祖宗竟然會在鉛筆的產品名稱裡出現，變成了另一種有趣的東西。

10B大幅超越了JIS（日本工業規格），「自訂規格」儼然而生

現在簡單地介紹「筆鉛筆」是怎樣的產品。這是一種硬度10B的鉛筆。「uni」是世界知名的鉛筆製造商三菱鉛筆的品牌名稱，鉛筆的硬度以HB為中心，向H（hard）與B（black）兩個方向分出不同的等級，JIS制定最多是到9H與6B。

※HB與B之間如果又加進F（firm）就會變得更複雜，以硬度為序則是9H～2H、H、F、HB、B、2B～6B，不過這還沒有達成確定的科學測定方法，濃度與硬度雖然有了固定的數字，但定義卻很寬鬆。

然而所謂的10B鉛筆卻大大超出了這些規格，儼然變成一種「自訂規格」，比JIS規定最軟、顏色最濃的6B還超越4級。老實說，在此之前以三菱鉛筆為首，施德樓（Staedtler）與輝柏（Faber-Castell）等廠商也曾將濃度8B左右的鉛筆產品化。但這款「筆鉛筆」比之前的產品更突破了2個等級。對於長久沒有改變的鉛筆產業界，這種新的規格可以說是大大的擴展了，彷彿就像是在對其他廠商宣告「這就是10B鉛筆驚人的柔軟！」如果不是對自家的產品具有自信，是做不到這點的。

鉛筆芯是以石墨混合黏土，燒硬後再參入特殊的油製成。由於石墨本身很容易碎裂，因此必須用黏土（經過燒硬）來補強，油的功用則是調整筆芯與紙面的摩擦和書寫時的手感。如果只是一味追求軟度，就用純石墨製作即可，然而這會造成鉛筆芯過於柔弱、容易斷裂，無法負荷筆壓。為了不損及鉛筆拿來寫字的實用性，又要盡可能追求柔軟的筆觸與濃度，這就是屬於企業機密的配方與獨門技術了。

筆鉛筆的特徵不只是在筆芯材質。芯的直徑非常粗，相對於標準的鉛筆芯直徑2mm，筆鉛筆竟然是4mm。從剖面看，兩者的粗細一目了然（46頁圖）。這麼做最主要的理由可知是芯的強度不夠，不過主要是為了能夠寫出比普通鉛筆更粗更大的字，再搭配10B的柔軟，便可更容易寫出粗的筆劃。筆鉛筆內部的鉛筆芯體積，是一般鉛筆的4倍，削過以後，可以看出更明顯的差異，筆頭尖端部分有一半都是鉛筆芯（46頁圖）。

洗鍊的金色。在上面印上書法字體的「筆鉛筆」字樣。

字跡的濃淡粗細容易變化，可以輕鬆能表現出「勒、勾、捺」等筆法。

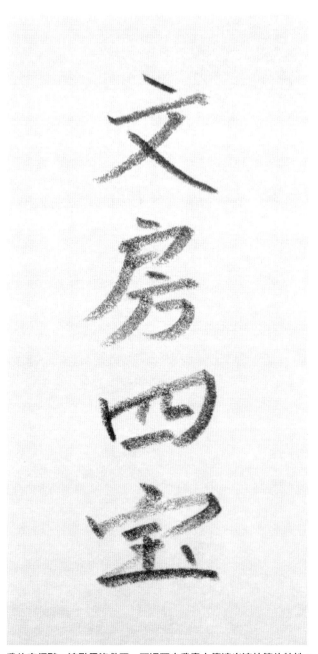

我的字很醜，這點是沒救了，不過至少我盡力傳達出這枝筆的特性。

這款產品外觀設計，與同公司「Hi-uni」類似，但並非酒紅色，而是改換成洗鍊的金色。此外，又以書法字體印上了「筆鉛筆」字樣。標明硬度「10B」的部分也是毛筆字體，這讓產品本身散發出宛如佛具般的靈氣。故意不用原來Hi-uni的設計，而改變外觀，想必是因為兩者除了性能，成本也不能相提並論吧。1枝日幣147元的Hi-uni已經算是非常高級，這枝筆鉛筆竟然要日幣420元！價格真是高高在上啊。

至於書寫時的手感，則是前所未有體驗過的滑順、柔軟。當然，這款產品明明是鉛筆的延伸，然而感受卻明顯不同。雖然是在一般紙上書寫，卻有一種在毛毯上奔跑的感覺，筆尖會隨著力道下沉，筆壓與速度，空間裡上下運動的敏感度、濃淡，以及線的粗細，都可以任意掌握。

日語的文字，最早是為了毛筆而設計。相對於鋼筆或鋼珠筆等書寫用具，毛筆的特徵就在於有非常多上下的運動。歐美字母的書寫，經常是在二次元平面上的連續動作，但相反地，毛筆每寫1筆，筆頭經常會離開紙

面，如此寫出來的線條是在三次元的立體中連續的。最後留在紙面上的線條，其實只是毛筆三次元運動接觸紙面的部分而已。尤其是作為毛筆運動特徵的「勒、勾、捺」等筆法，與下一畫之間會留下助跑、頓步，以及轉換方向等痕跡。想要留下這些運筆動作的記錄，還是必須有會受到速度與壓力而改變筆觸的柔軟書寫工具。

雖然一枝鉛筆具有等同「毛筆」的觸感，這麼說是有點誇張，但正如這款產品所訴求的，的確是非常輕鬆就能表現出「勒、勾、捺」的感覺。當我們在寫字體較大的字時，更能清楚分辨出每個人不同的筆跡差異。由於個人技巧不同，在使用這款產品時，可以寫出藝術性非常高的字。

當然，鉛筆並不是光用來寫字的道具，還可以拿來畫圖（我個人因為經常畫設計圖或硬邦邦的主題，所以很少用鉛筆畫圖）。對於素描這種需要粗而柔軟鉛筆的作業而言，這項產品非常適合，在藝術家或素描家的手中，相信一定會變成自由度更高的創作工具。不過，既然這是非常柔軟的鉛筆，一旦手不小心碰觸到筆芯，會比一般鉛筆更容易弄髒，線條也容易變得模糊。為了保存好不容易完成的作品，建議完成時最好噴上固定劑（素描固定噴膠）。

（2008年8月28日發表）

包含10B，將全部22種硬度集合為一組的「Hi-uni art set」（日幣3465元），日本全國各地都可買到。

9 就像活頁夾一樣好用！無論商業自用都「近乎完美」的筆記本

書寫 Twist Ring Note（LIHIT LAB）

您最近都在使用哪一種筆記本呢？

文具業界不斷推出新的筆記本，掀起一波前所未見的「筆記本熱潮」。其中最為顯眼的，就是在頁面版面設計與罫線（內頁橫線）等處特別下工夫的款式，例如KOKUYO在罫線上加點的筆記本，從一發售就持續熱銷，往往一上架就賣光了。更有趣的是，這些筆記本有許多都與相關書籍同時發售。除了產品本身外，關於如何使用的教學書籍，也變成了商品的一部分。

關於這些商品，由於需要深入解說，這裡暫時不論，想知道的讀者請親自去書店尋找相關書籍，這回我要介紹的是在硬體上大有進步的一種筆記本。

這就是LIHIT LAB出品的「Twist Ring Note」，這是一本可以換頁的活頁式筆記本。說到這裡，大家可能會想「這不就是活頁夾嗎？」其實並不然。

所謂的活頁夾筆記本，大多都是以夾子固定住封面的文件夾型，

「Twist Ring Note」。左邊是標準版（B5大小30頁售價日幣346元，A5大小30頁日幣315元），右邊是「AQUA DROPs」系列（B5大小30頁售價日幣315元，A5大小30頁日幣294元）。

與其說像是筆記本，不如更像用資料夾夾住紙。然而，這款Twist Ring Note的環狀部分非常迷你，乍看下與一般的線圈式筆記本非常相似，與之前的同類商品比較起來，變得很細，不佔空間。

替換用紙的方法，正是這種新設計的有趣之處。仔細觀察這個產品，可以發現位於左上方以及右下方的紙頁內側都印有「PULL OPEN」的文字和圓圈。只要雙手各抓住筆記紙左右頁的圓圈處，輕輕朝筆記本的對角線方向拉開，發出「喀擦」聲，活頁環就會全部打開。

換好紙後，想要將活頁環恢復，只要沿著一直線以手指「啪擦

Twist Ring Note的活頁環很迷你，與一般線圈筆記本的圓圈尺寸相同，頁面也一樣可以打開180度至360度使用。

抓住筆記本左頁右上與右頁左下的圓圈處，並朝對角線的方向輕輕拉開，便能打開活頁環（如照片中所示）。

活頁環非常不起眼，乍看下就像普通筆記本

啪擦」地壓回去即可。所需的力氣很小，甚至會讓人懷疑「這樣真的就可以了嗎？」這是開關都非常簡便的設計。

這款產品與一般的雙環筆記本功用相同，可以在平面上打開180度，甚至是360度，都能安心使用。就算附近沒有桌子，拿在手上直接懸空寫字也很輕鬆。由於活頁環的尺寸與線圈筆記本的環相同，因此可以輕鬆放入公事包，不會像資料夾那樣撐起一大團。如此令人驚喜的換頁方式，加上輕便的攜帶性，簡直是太了不起了！

學生在使用這款產品時，可以將不同學科的筆記分開，上班族也能依專案不同將紙分門別類歸檔，因此可以減少隨身攜帶的筆記本數量。由於是活頁環狀，使用文件掃描器時也可以輕鬆拆下。

與一般的活頁筆記本相比，Twist Ring Note除了活頁環可以打開，就構造而言，即使稱作「近乎完美」的筆記本也不為過！

這種活頁環的設計重點，在於開關時不需要任何扳動的槓桿構造。一般活頁的構造，都會預留操作用的機關，但Twist Ring Note卻不需要。活頁紙本身就取代了扳動用的桿子。只要按照指示拉開相對位置，對活頁環施加上下均等的拉力，活頁環的扣爪就會一起同時分開。像這樣沒有多餘的零件，將內頁的筆記用紙當作機械道具使用，這種單純明快的創意真是讚。

關於這種活頁環的扣爪形狀也是一絕。一般的活頁環資料夾，左右兩側會卡住，藉以固定，為了避免發生沒對齊的情形，環的前端會做成S形。不過Twist Ring Note活

活頁環的扣爪部分不是S形，而是像牙齒般卡緊。

上下方向，只由一個套在背部軸上的小彈簧固定。

頁環由於完全不需要左右擠壓的力量，所以做成相互嚙合的爪形，避免鬆脫；這種爪形在對抗左右拉開的力量時，會鎖得很緊，而對上下方向的力量卻幾乎毫無抵抗力，因此，只要從上下方向施力就能輕鬆打開。

在Twist Ring Note的上下方向，只有一個套在背部軸上的小彈簧加以固定，這真是一個絕妙無比的設計！我試著拿這本筆記粗魯地亂甩亂動，在一般使用筆記本的情況下，我確定它不會自行鬆動。由於其他大部分活頁夾都是使用強力彈簧來固定活頁環，相較之下，Twist Ring Note的產品具有輕鬆又省力的設計，更是顯得鶴立雞群。

只是這款筆記本的用紙（B5與A5）與一般的活頁紙孔洞位置有些微差異，在購買時必須特別注意。Twist Ring Note用的活頁紙，規格等同於線圈環的筆記本，而不是一般活頁紙。

這個產品故意不使用普通活頁紙，是有其原因的。由於這項產品的活頁環尺寸較為迷你，而一般活頁式資料夾孔洞中心與紙端的距離約7mm，Twist Ring Note卻只有4.5mm。想要讓活頁環穿過活頁紙，環的直徑至少必須是上述距離的2倍。在實際使用上，頁數越多，位置也會跟著偏移，因此必須預留更多距離。這麼一來，活頁式資料夾的活頁環直徑，最小應該也會超過14mm。相對地，線圈筆記本的直徑只有9mm。Twist Ring Note活頁的活頁環內圈直徑約10mm，外圈直徑則為11.5mm。為了達成媲美線圈筆記本的輕巧，Twist Ring Note的孔洞只好設計靠接近紙的邊緣。

由於設計限制，這款產品的缺點就是只能使用專用活頁紙。目前專用活頁紙有6mm罫線、5mm方格、無格線三種。不過雖然只有三種，排列組合一下，還是可以有多種變化。

在此要悄悄說一聲，還有一種曾經掀起話題的雙環筆記本也是線圈型。儘管我沒有百分百全部確認過，但市售日本製線圈筆記本的孔洞間隔皆一致，只要以尖嘴鉗等工具將線圈環拆掉，就可以拿來變成Twist Ring Note的專用活頁紙！當然，製造廠商不會推薦大家這麼做，有興趣嘗試的人，請保持開放的心態進行改裝。

此外，這項產品除了筆記本，還有A4尺寸、活頁環構造相同的

Avanti easychange 資料夾。儘管Avanti easychange是以資料夾而非筆記本的姿態問市，但尺寸不是屬於線圈筆記本規格，而是與一般活頁資料夾的孔洞位置相同，所以能使用市面上販售的一般規格「30孔活頁紙」。

繼書寫用具之後，改裝筆記本與自製頁面內容的時代也來臨了。由於各式各樣的罫線與版面設計，人們恐怕暫時無法將目光焦點從筆記本上移開吧！

（2009年9月18日發表）

造成話題的特殊筆記本也是線圈型。只要以尖嘴鉗等工具將鐵絲環拆掉，就能用Twist Ring Note的活頁環取代。

擁有相同結構的產品「Avanti easychange 資料夾」。A4尺寸跟一般的資料夾孔洞位置相同，可以使用市面上販售的一般「30孔活頁紙」。

使用「一般影印紙」的小型手帳,「隨手可得」的便利性,讚!

書寫 保存型手帳本(abrAsus)

這裡要介紹皮製的「保存型手帳本」。

只不過是便條紙的記事本,需要用到皮革嗎?而且還加上封面,真是多餘!……希望大家先不要預設立場,請讀完此文再評論。

儘管我自己也是在使用無封面的整疊式便條紙,但在這篇文章中,「封面」才是主角。而且,在這款abrAsus保存型手帳本裡面所使用的,並不是RHODIA或MOLESKINE的便條紙,只是單純的一般影印紙而已。

起初我也有「為什麼?」的疑惑。然而這款記事本的設計,的確是經過縝密的考量。

「abrAsus保存型手帳本」所收納的,是到處可見的普通A4影印紙。只要把A4影印紙對折對折再對折,也就是折成$\frac{1}{8}$的A7大小再夾進去,就變成好用的記事本了。

實際使用的時候,只要將A4影印紙折3次,並以折縫朝下的方式插入手帳本本體夾好,就大功告成了。寫字時,打開手帳封面,將蓋子折到後方,單手拿手帳本,另一

「保存型手帳本(abrAsus)」(日幣5800元)。顏色有黑、巧克力、駝色。於購物網站「SUPER CLASSIC」販售。

手拿筆書寫。使用方式乍看下與一般整疊的便條紙似乎沒什麼差別。由於這款產品還附有ZEBRA的金屬製極細軸鋼珠筆，就算身上沒帶書寫用具也沒問題，隨時隨地都能做筆記。

只要折好普通的影印紙、放進去就好？這樣不會太隨便嗎？

沒錯，是很隨便。不過托這種設計的福，只要是一般的辦公室，幾乎毫無疑問可無限量供應內頁紙。這麼一來，完全不必擔心便條紙用完的問題，而且即使內頁沒有全部寫完，想要替換新的影印紙也沒問題。

可是這樣一來，您應該會問，這種手帳本不可能夾進太多紙吧！

是的，沒錯。事實上一次只能夾一張。在一張紙共16面全部寫完後，才需要更換新的影印紙。

這款手帳本不是讓你隨時將舊的記錄保留在裡面。等你需要記錄的事項完畢，就可以換上新的紙，而取下的舊紙則可以拿去掃描、歸檔。總之必須經常處理換紙的作業，讓手帳本內常保新紙的狀態。

產品製造者的意圖，是讓人拿寫好的A4去掃描，或者用數位相機、智慧型手機拍下頁面。想要保存筆記紙的時候，收納A4用紙的方

將A4尺寸的影印紙「對折、對折，再對折」後夾入封皮使用。

裝進紙以後還是非常薄。

所附的鋼珠筆可收納在記事本旁邊。

法，也比其他尺寸容易。若是嫌麻煩，也不妨直接打洞，塞進資料夾保存，至少不會把筆記搞丟。只要把手帳本的紙取出攤開，就會成為最適合資料夾的尺寸，這種創意真是前所未見。

A7（74×105mm）尺寸的筆記本，剛好是Bloc RHODIA最熱銷的大小，也就是說，保存型手帳本abrAsus與Bloc RHODIA No.11的尺寸一樣。這款產品的特殊之處，在於書寫面積與好握好拿的平衡度，設計得非常好。

此外，由於夾入紙後也非常薄，比起拿一整疊厚厚的便條紙，寫字變得很輕鬆。由於書寫的頁面就在手邊，所以不必翻開很多頁才能開始寫。

至於保存型手帳本abrAsus的本體以皮革製作，是為了好寫的緣故。

從外觀上看，這款產品的皮件使用了即便刮傷也不易察覺的粗獷花紋加工，只有在墊著紙下方的一面，是使用較為細緻的刻花加工，確保書寫時的舒適。書寫時，在8層紙底下墊有這塊皮革板，既穩固又柔軟，感覺如同飯店櫃檯讓客人寫字的高級皮革墊板。比起塑膠製的堅硬墊板，寫在皮製品上的手感當然要好很多，左手（慣用右手者）在抓住手帳本時，可以感受到皮革的柔和，不僅不易滑落，拿起來的感覺也很舒服。

此外，這款手帳所採用的皮革，硬度很巧妙，拿著時翻開蓋子折在後面，帶給手中最恰當的穩固感。整體來說是偏硬的質感，但蓋子連接處很柔軟，使用者可以輕鬆地翻來翻去，相信這是站在消費者的立場所思考出的設計成果。

在紙的下墊，使用細緻的刻花加工，可以確保書寫更輕鬆。

此外，由於整本手帳本的厚度非常薄，可以隨手插入口袋，不會製造任何困擾！

仔細想想，這種手帳本所帶來的書寫感，就跟記事夾板（攜帶用的便條紙夾）很類似。不過儘管書寫感相似，這款產品的用紙卻是隨處可得，雖然折成A7的頁面書寫範圍較小，但取下後展開就能直接歸檔，這點不得不說，真是好用無比！

折紙的訣竅，是以「縱、橫、橫」的順序折，而不是「橫、縱、

A4紙折紙的訣竅依序為「縱、橫、橫」。將折縫朝下裝入手帳，就準備完成。

橫」。用「縱、橫、橫」的方式，一來要將紙翻面會比較順暢，再者也能輕鬆地按順序使用。

如果能巧妙利用紙的雙面，1張紙就可當16頁使用，因此，如果能稍微記住頁面的順序，使用起來會更得心應手。如圖中所示，折好之後，將折縫朝下裝入本產品，翻頁時朝橫向順序走，等用完一面，再翻過來將折縫朝上夾進去，可以繼續往橫向翻頁，如此一來，最後寫完把紙攤開時，頁面的順序就會自左上朝右下排列。

如果需要更多書寫空間，可以使用紙的背面，不過基本上紙的背面還是用來預備的，用完正面8頁後還是直接換紙比較好。這麼一來，在有必要時，A7紙才可以攤開來，空白的背面就可以作為普通A4紙使用。這種絕技可是其他便條紙辦不到的。當需要畫圖說明，或是做總結時，A4紙的面積實在是太寶貴了。

若要舉出這款產品的缺點，那就是頁面的順序讓人不容易理解。

安靜的時候，無論是誰，都能按順序好好寫字，不過談話記錄時，人們往往會慌張地尋找下一頁空白，等記錄完畢才發現順序錯

亂。因此，使用前最好還是預先在頁面角落加上日期、編號等記號，同時建議您每天都要檢查，換上新紙。

另外，由於折過的紙會有折痕，尤其是將折痕反過來打開時，紙會稍微隆起，無法保持平整，這點讓我感覺不太舒服。

不過瑕不掩瑜，緊急需要記事工具時，這款手帳本已經非常好用。而且，因為需要經常換紙，換紙時必然會看見頁面上的未處理事項，所以當作備忘錄也不錯。

每天晚上取出舊紙，將書寫的內容重新看一遍，並將新的紙折進去。養成如此的習慣，也算是好事一件。

（2010年2月10日發表）

還有鱷魚皮的「Crocodile Edition」（日幣3萬4000元）。

【特別附錄】「保存型手帳本abr∧sus試用版」的製作方式・解説

1 將組件從硬紙板上割下。

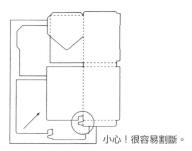

小心！很容易割斷。

2 ▬▬ 把（粉紅）部分黏上。
（建議使用白膠牢牢貼緊）

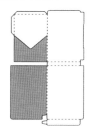

3 折起來貼好。

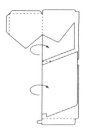

4 折起來將 ▬▬ 黏好。
折上去以後再黏起來。

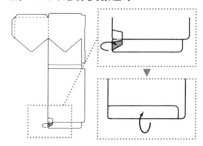

5 折起來將 ▬▬ 黏好。

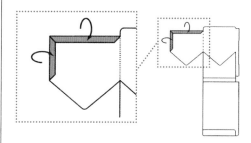

6 折起來黏好。

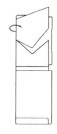

7 從折疊處的正中央，將兩側朝內折。

側面看起來的樣子

8 完成！

特色、使用方
式的解說在
61-62頁。

60

試用「保存型手帳本 abrΛsus 」體驗版 掌握「數位類比」新潮流！

究竟是類比還是數位好？由於智慧型手機的興起，關於行程表與行事曆這種日常的資料管理問題，也變成了注目的焦點。近來，擷取類比式（手寫）與數位式「雙方優點」的工具不斷問世，也掀起了一陣話題。

其中一項產品就是55頁所介紹的「保存型手帳本abrAsus」。產品本身雖然是單純的記事手帳本，但利用隨手可得的A4影印紙，則是一大特色。此外，紙寫完之後，還能取下掃描，進行數位化，利用「Evernote」等網站，儲存在雲端網路上，充分實踐「數位類比」的新潮流。

此外，本書更與開發「保存型手帳本abrAsus」的廠商valueinnovation合作，在書中贈送附錄的「體驗版」！相對於正式版的高級皮革，體驗版的封面是紙製的。

可不要因此瞧不起體驗版。體驗版已盡力做到外觀與正式版的皮革質感相似，尺寸也完全一樣，可以體驗利用A4影印紙的主要功能，也能收納名片與卡片。最後值得一提的，實際操作紙模型的製作過程，也非常有趣！

希望讀者們務必要動動手，實際體驗一下這種兼具類比與數位兩者優點的「數位類比」新潮流。

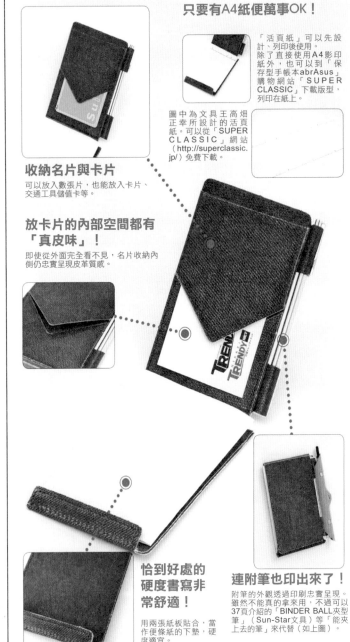

只要有A4紙便萬事OK！

「活頁紙」可以先設計、列印後使用。除了直接使用A4影印紙外，也可以到「保存型手帳本abrAsus」購物網站「SUPER CLASSIC」下載版型，列印在紙上。

圖中為文具王高畑正幸所設計的活頁紙。可以從「SUPER CLASSIC」網站（http://superclassic.jp/）免費下載。

收納名片與卡片
可以放入數張片，也能放入卡片、交通工具儲值卡等。

放卡片的內部空間都有「真皮味」！
即使從外面完全看不見，名片收納內側仍忠實呈現皮革質感。

恰到好處的硬度書寫非常舒適！
用兩張紙板貼合，當作便條紙的下墊，硬度適宜。

連附筆也印出來了！
附筆的外觀透過印刷忠實呈現。雖然不能真的拿來用，不過可以37頁介紹的「BINDER BALL夾型筆」（Sun-Star文具）等「能夾上去的筆」來代替（如上圖）。

61

這就是「數位類比」新潮流！

▋隨時隨地 都能寫筆記

放入口袋隨身攜帶，無論何時何地都能拿出來作筆記。就算寫完了，只要有A4影印紙便OK。

▋儲存在網路硬碟 隨時隨地都能叫出資料

利用「Evernote」等網路服務，可將筆記內容掃描成數位化資料，放在雲端硬碟。只要手邊有手機或電腦，便能輕鬆上網搜尋筆記內容。

「Evernote」提供文件或圖片等各種檔案的雲端管理服務。以電腦或手機等上網工具，就能輕鬆地搜尋檔案並瀏覽。

▋迅速掃描後即可將紙回收

記事用的紙，攤開就是A4尺寸，立刻能掃描變成數位檔。推薦使用操作簡便又不佔空間的「ScanSnap S1100」隨身掃描器。掃描完畢紙就可以拿去回收。

（上圖）以「ScanSnap S1100」（2011年3月的市面售價為日幣1萬7800元）等超小型文件掃描器，掃描筆記後（左圖）丟到「Evernote」這種網站，便可輕易儲存，功能非常具有魅力。

正式版「保存型手帳本abr∧sus」在這裡！

「保存型手帳本abr∧sus」的材質是用牛皮經過不易污損的刻花加工（浮雕），是屬於本格派的高級文具。附加原創的「恰到好處筆」（ZEBRA製）。如果您體驗過試用版後，喜歡上這種「類比數位」新潮流，請務必上購物網站「SUPER CLASSIC」（http://superclassic.jp/）逛逛，產品熱銷中！

與普通版的「保存型手帳本」售價相同，這款「保存型手帳本 Evernote Edition」（日幣5800元）亦附贈Evernote高級會員3個月，目前也在「SUPER CLASSIC」網站上熱賣。

11 250年來的重大變革！從海外來的「飯糰」色鉛筆

書寫 COLOR STRIPE（LYRA）

有時候人們體驗到自己的思考僵化程度後，會嚇一大跳，這種情形稱為「哥倫布的蛋」（註：意指一件事沒做成之前沒人知道怎麼做，但是成功之後，人人都覺得自己也可以做到。出自哥倫布航海的故事），然而看了本篇所要介紹的產品，還是會受到創意的震撼。

接下來所要介紹的產品，是德國LYRA公司生產的「COLOR STRIPE」色鉛筆。

鉛筆是一種在西元17世紀末就已定型的產品，儘管筆芯材質一直有持續的進步，但外觀已有250年沒什麼大變動。鉛筆具有簡約而洗鍊的外型，功能無人不知無人不曉，算是一種極度成熟的文具產品。在此產品問世之前，我也認定鉛筆應該沒有什麼改良的空間，結果這款「COLOR STRIPE」一出，卻大大超越了我的僵化觀念。

「COLOR STRIPE」是一款剖面為三角飯糰形的鉛筆，看到剖面就能知道它的與眾不同。原來是位在中間呈圓形的筆芯，竟然跑到外面來了。筆桿的形狀也不是一個「太陽蛋」，而是「飯糰」的形狀，這究竟是……。

「COLOR STRIPE」。8色組售價日幣2100元，16色組日幣4200元。

如此設計的真正用意，只要削過筆便能知道。雖說與一般鉛筆一樣，削過的筆尖呈圓錐形，但筆芯卻可以從筆尖延伸到筆桿邊緣，沒有中斷。削過的筆尖側面，形狀就像是未來的火車頭模型。這種外觀頗具美感的形狀，在使用時筆尖作畫的感覺與一般的色鉛筆完全一樣，但除此之外，將筆轉過來，把露出筆芯的部分朝下鋪平作畫，可以塗整個色塊，具有大片上色的功能。

足以留名「鉛筆史」的設計

此外，這種筆芯外露的設計，除了書寫還有其他功能。由於一般的色鉛筆需要在筆桿表面上色，以便顯示出筆芯的顏色，不過「COLOR STRIPE」是不需要這樣做的。全黑的筆桿露出霓紅燈般的鮮豔色彩，筆芯如條紋般，即使光是欣賞也感覺十分美觀，筆芯本身就能顯示筆的顏色。比起在筆桿上印刷標色，這麼做更能直接顯示正確的色彩。

儘管這項產品並沒有其他奇特之處，不過，以鉛筆這種成熟到極致的產品，已經很難脫離其基本原則，因此能在本質展現出變化，光是這一點就非常了不起。

鉛筆具有標準化的規格與高效率的生產方式，已經發展出極端成

本來應該在中央的筆芯，延伸到筆桿外面。

使用筆尖作畫時，感覺跟一般色鉛筆完全一樣。

削開後從側面看，好像未來的火車頭模型。

熟的系統，即使是改變形狀，新產品會帶來許多不便之處。尤其是在製造方法上的變化，由於一般的鉛筆芯剖面都是圓的，這是原料在機器裡經過擠壓自動會形成的形狀，因此，LYRA公司的新產品勢必有新的製作方式。另外，由於筆芯與筆桿的接合面較少，這也會造成筆桿強度減弱。

以成本與適用範圍等產品整體完成度而言，LYRA的「COLOR STRIPE」並不會取代舊有的色鉛筆成為市場主流。不過能突破250年來的框架，讓創意自由奔放，就這一點足夠讓使用者在使用這款產品時感受到靈感的力量。

我認為，這項產品足以留名於鉛筆史中，是一項值得紀念的產品。

唯一遺憾的是包裝。紙製的包裝不耐用。為了保護鉛筆，防止在攜帶途中掉落的塑膠托盤太硬，無論是取出或放回鉛筆都很不方便。如果能像一般的色鉛筆裝在金屬盒子裡就好了，但因為這款鉛筆的尺寸與其他鉛筆不同，要開金屬盒子的模，勢必要投入巨大的成本，可能就是因為這樣才沒有特製盒子。

不過，由於色鉛筆在使用上本來就會經常取出、放回。除了設計價值，如果要能以工具來活用這項創意，希望這款產品的包裝在未來能夠得到改善。

（2009年7月2日發表）

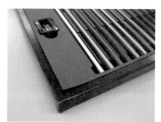

外包裝是紙製的，收納筆的托盤則是塑膠製。

若以露出的筆芯部分朝下鋪平作畫，可畫出範圍寬闊的整面色塊。

12

媲美「串燒」的極細精準橡皮擦

更正　MONO ZERO細字橡皮（TOMBOW鉛筆）

西元2007年，為了讓陷入泥淖的「功能性橡皮擦開發戰爭」畫下句點，全新的「兵器」投入戰局……。

在這種的情形下出現了「MONO ZERO」，這是一種追求精準的超極細按壓式橡皮擦。產品分為直徑2.3mm的圓形與2.5×5mm的四角形2款，兩者都是以直徑8.5mm的纖細保護桿為容器。利用自動鉛筆的原理按壓筆尾，金屬製的保護桿前端就會發出喀嘰喀嘰的機械聲，質感稍硬的白色極細橡皮擦會規律地隨著每次按壓伸出0.7mm。按壓式橡皮擦這種產品雖然早就有了，但這項鎖定精準擦除的新產品，無論性能、設計，以及細部構造，都與過去的產品截然不同。

根據製造廠商TOMBOW鉛筆的調查，高中生與社會人士想要擦除的文字，每次平均都在3個以內，這種情形約有九成，針對這一點問世的MONO ONE（2007年2月發售）已經成為暢銷商品，而這回的MONO ZERO則是鎖定更精準的擦除作業。例如產品設計或漫畫家、建築師

「MONO ZERO」售價日幣367元。有橡皮擦形狀為直徑2.3mm的圓形與2.5×5mm的四角形2種，外觀設計則有標準型、黑色、銀色3種。

等，除了針對這個族群，訴諸產品的功能面，MONO ZERO高級的設計感，對一般上班族也產生了很大的吸引力。

聽起來，「精準按壓式橡皮擦」好像很單純，但這並不是只把舊有的橡皮擦產品變細，這樣是不會誕生出MONO ZERO的。MONO ZERO的構造與舊有按壓式橡皮擦的思考方式完全不同。

目前市面販售的按壓式橡皮擦幾乎都是以「夾頭」的2～4爪固定的棒狀橡皮擦，藉由夾頭送出來，例如德國洛登（ROTRING）的「Tikky橡皮擦」就是代表性的產品。由於要藉助夾頭，橡皮擦尖端就無法做得很細。像Tikky的橡皮擦直徑比較大，夾頭還可以夾住，倘若換成MONO ZERO，由於內徑細到只有驚人的2.3mm，舊有的夾頭構造就會產生以下許多問題：

● 由於要牢牢抓住柔軟的橡皮擦，很難正確掌握每次按壓的份量，想要按壓時只送出一點點橡皮擦，是非常困難的。
● 橡皮擦被夾頭的爪子直接抓住，容易受損，這也是一般按壓式橡皮擦容易折斷的原因。

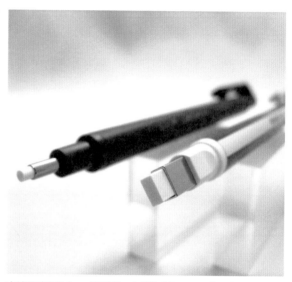

左邊為直徑2.3mm的圓形，右邊為2.5×5mm的四角形。

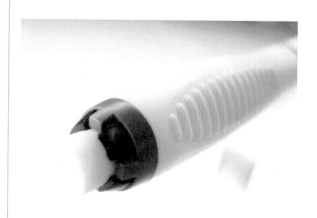

洛登（ROTRING）的「Tikky橡皮擦」尖端部分。圖中可以看得很清楚，是以夾頭來固定橡皮擦。

●橡皮擦雖然可以做得很細，但爪子卻不容易做得很小。由於夾頭的零件限制，桿子不能調整得太細，因此也容易擋住紙面上想擦除的部分。

按壓式橡皮擦特別的重點，就是每次送出的橡皮擦量與桿子尖端的視野（最好不要有礙眼的零件，才能清楚看見想擦除的部分字跡）。以力學考量，為了讓橡皮擦不易折斷，每次橡皮擦的伸出長度

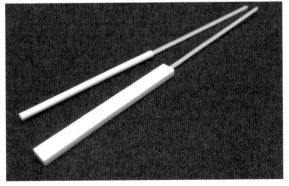

MONO ZERO的補充用橡皮擦。橡皮擦用內桿刺入。

最好不要超過橡皮擦的直徑（伸出太長容易變形，也容易折斷），因此，構造上必須讓橡皮擦的伸出量極小化。為了能精準正確地擦除，也希望儘量讓尖端視野不會受到阻擋。

MONO ZERO採用了有點投機取巧的方法，順利解決了上述問題。

首先，它並不是以爪子直接抓住橡皮擦，而是以塑膠製的內桿刺入並調控橡皮擦。請看下方的照片，那就是MONO ZERO的補充用橡皮擦，是不是很有趣呢。塑膠內桿露出的長度，比橡皮擦本身還長，MONO ZERO就是利用控制這根棍子來移動橡皮擦的。為了更容易瞭解，我試著將本體剖開（下圖）。推出橡皮擦的構造位於筆桿正後方，這樣一來就不會擋住橡皮擦了。

把MONO ZERO本體剖開的樣子。

透過這種出人意表的設計：

● 因為是以又細又硬的內桿控制，所以能夠沿用一般自動鉛筆相同的構造。

● 與舊型的按壓式橡皮擦相比，可以一次推出很短的量，橡皮擦也不易折斷。

● 由於沒有爪子等零件，橡皮擦本身不會因此損傷。

● 橡皮擦外部有保護桿，內部有內桿支撐，較不易折斷。

● 保護桿很細，所以尖端視野不會受阻，夾頭的部分設計在後面，與橡皮擦前端分開，故本體能做得較細。

這麼一來，讓這項產品極細化的必要元素便到齊了。

這款產品細部的生產技術也非常講究。它所使用的保護桿透過一種名為滾筒研磨（將零件與研磨劑一起放入筒狀的容器內旋轉，藉此把稜角磨去）的方式處理，表面非常光滑細緻。除了不易損傷紙面，同時也不會傷害柔軟易變形的橡皮擦，這點十分重要。

如果真要舉出這款產品的弱點，就在於橡皮擦有點太硬，擦除字跡的能力略遜於普通軟質橡皮擦，不過相對地，這樣比較容易集中力道，想要在橫線較細的筆記本上擦去一兩個字，幾乎毫無困難。只不過，理所當然地，如果要擦除軟質鉛筆芯寫出的大面積字跡，這種稍硬的橡皮擦就不太適合。因此MONO ZERO還是專門用在精準擦除為宜。

2003年KOKUYO推出的「積木橡皮擦」（カドケシ，由10個小正方體所組成的橡皮擦，訴求為隨時都有邊角可以擦拭http://www.kokuyo-st.co.jp/stationery/kadokeshi/），讓市場對於「邊邊角角的擦拭」需求浮上水面，對於極速進化並開枝散葉的橡皮擦產品來說，就某種程度而言，MONO ZERO的登場對市場帶來了一定的影響，至於其他廠商將如何應戰，就讓我們拭目以待吧。

（2007年11月22日發表）

13 以「文字」隱藏文字！這可是對人類大腦的一大挑戰

更正 個人資料保護章（PLUS，台灣普士樂）

2月2日是日本法定的資訊安全日。

因為日本政府的「第一次資訊安全基本計畫」是在2006年2月2日制定的，儘管2月2日跟資訊安全找不出諧音之處，且政府也不知道同一天其實是俗稱的頭痛之日（譯註：日文的「22」與「頭痛」諧音），但最後還是這麼敲定了。政府資訊安全的相關規定，不但無法產生益處，還製造了多餘的困擾，就某種程度而言，的確是公司內的「頭痛來源」，所以這個日期也可以說是一種諷刺吧。如果要讓一般民眾對資訊安全更有警覺心，至少該挑一個比較好記的日期——我時常想著這些雞毛蒜皮卻無關緊要的事。

不過，托日本2005年4月施行的「個人資訊保護法」宣傳效果之福，新的商機也就此誕生，促成了許多領域的活躍。其中最容易讓人聯想的，就是以碎紙機為主的「資訊消除工具」。企業用的不必說，連個人與家庭用的小型碎紙機等類似功能的資訊消除工具，也出乎預料地大量問世，文具賣場為這類產品設置了顯眼的專區，儼然已正式

「PLUS個人資料保護章」售價日幣997元，共4色。

成為文具中的一個新產品分類。

不過，以產品分類而言，這些商品的成熟度還不足。除了方法與形態沒有統一，各項產品也算是互有優劣，很難找到一個可以獨霸市場的決定性產品。以工具的發展史而言，這應該是最有趣的時期吧。

在這樣的領域中，出現了一項驚天動地的新產品，就是我們這回要介紹的「個人資料保護章」。

與過去的資訊消除方法相比，PLUS首創的個人資料保護章可說是完全不同的產品。不是用切碎的，而是在紙上蓋個人資料保護章讓人無法判讀內容，這種產品最大的魅力就在於使用上非常輕鬆。只要把想消除的資訊用蓋章的方法隱藏就可以了。如果是類似簽名這種小面積的情形，個人資料保護章是最迅速又最簡單的消除方式。

除了這種方式以外，市場主流是以大型的碎紙機以及小型的剪刀型資訊消除工具為主，都是以剪碎紙的方式來消毀訊息。因此，可想而知，這種方法絕對會製造出大量紙屑。

然而相對地，個人資料保護章的產品，可在完全不改變紙外形的情況下將資訊處理掉。如果需要做廢紙回收，這個方法非常有用。此外，也不需要把紙本資料插入任何器具裡面。如果要銷毀的是書冊狀的紙本，或是無法部分銷毀的硬紙類，這項產品更可以大大派上用場，佔盡優勢。

這顆個人資料保護章的印面，仔細看可以發現是由英文字母構成，而不是一整片黑漆漆的玩意，也不是什麼幾何學的花紋，利用羅列的英文字母當作印面，是這項產品的關鍵。

請想像在黑紙上以黑墨水寫字

只要在文字上蓋章，便能掩蓋資料。

個人資料保護章的印面是以英文字母構成。

的情況。這樣當然會比寫在普通紙上難以判讀，但因為黑墨水寫出來的字跡會散發光澤，產生不同的質感，仔細看還是能辨別。如果換成一張不是全黑的紙，而是有小空白的圖案樣式，會比原本的黑紙與文字產生更強的黑白對比，造成難以讀取的情形。

不過在這種情形下，採用整齊的點狀圖案或規律的幾何學花紋來掩蓋，這種處理方式並不理想，這是因為對於去除規律雜訊或補足缺少部分的資訊，人類視覺的處理能力很強，因此規律的掩蓋方法很難發揮效果。相對地，個人資料保護章所採取的方式，卻可以嚴重干擾人類的視覺能力。

人類的大腦會無意識地在取得的資訊中整理出有意義的系統，因此從多重而相異的文字中來判讀有意義的資訊，是完全沒問題的，但大腦對於同時理解兩種不同資訊，則會顯得笨手笨腳。由於人腦的特性，亂碼章才會採取極粗的歌德式英文字母字體當作掩蓋的印面，就是因為它比我們要消除的資訊更為顯眼，對照下，被個人資料保護章蓋過的文字就會變得模糊不清。

當然，如果個人資料保護章的字母空隙過大，別人可以輕易看到下面掩蓋的資訊，這樣一來，所採用的英文字母就必須經過篩選。因

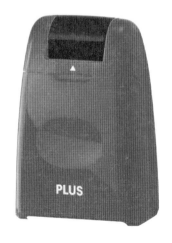
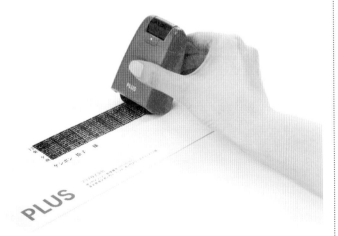

如果想要隱藏大範圍的資訊，可以選用滾筒式的「滾筒個人資料保護章」（日幣735元）。

此，個人資料保護章才沒有使用「CDFIJLNOPQRSTUYZ」這幾個字母，而是選用「ABEGHKMVWX」。唔，好深奧的設計啊（也許是我自己過度解讀）。看似簡單的東西，其實有很艱澀的道理，個人資料保護章上所選擇的英文字母，想必是經過許多試誤後才誕生的。

不過，雖說這是精心設計又能輕鬆發揮效果的工具，但不能算是完美無缺。相對於將紙完全解體的碎紙機產品，個人資料保護章蓋過的資訊理論上還是存在，因此如果是無光澤的印刷或手寫鋼珠筆字跡，還能順利掩蓋，然而有些不同的紙質與印刷種類，還是可能出現一旦光線變化便無法隱藏資訊的情形。假使要以完全沒有機會解讀為考量，畢竟還是切割式的碎紙產品較為牢靠。

在這款產品的包裝上，列出了「無法蓋章的材質」，包括「美術紙、銅板紙、描圖紙、硫酸紙等加工紙與日本紙、粗纖維紙、易滲色的紙、塑膠封條等，以及其他非紙材質」，這些都是PLUS個人資料保護章所無法處理的材質，而在產品注意事項也特別標明「本產品無法完全隱藏或更正資料，因資訊外洩引發的損害，本公司概不負任何賠償責任」。

每個產品總是想要追求完美。不過視資訊的機密等級不同，某些等級較低的物件，只要做一點簡單的處理就足夠。與其全都採用資訊安全度很高，但卻難以使用的麻煩工具，準備一種可大量處理普通資訊的方便產品，作為第二選擇也不錯。

PLUS個人資料保護章的存放完全不佔空間，也不用到任何刀具，在所有資訊消除工具當中可說是最安全的。這項產品是否能在市場上生存，需待後續發展，但我個人很歡迎像這樣的新點子在市場上問世，提供消費者另一種不同的選擇。

（2008年1月24日發表）

這是在網路上防止機器人登入的認證畫面。使用者必須正確判讀受到雜訊扭曲的文字並輸入。這種方式可讓機器人無法判別，但人卻能輕易找出正確答案。

發揮美工刀優勢的新規格！教您如何增進美工刀使用技巧

裁切　萬能M厚型美工刀（OLFA）

在文具業界不斷誕生了許多企圖創造新規格的產品，例如本書所介紹的三菱10B鉛筆（45頁）、MAX Vaimo11釘書機（131頁）等。

這回要介紹的，很可能也是劃時代的新產品，也就是OLFA出品的「萬能M厚型美工刀」。這種美工刀介於過去的S型（一般辦公用小型美工刀）與L型（工地、倉庫用的大型美工刀）之間，是擷取了兩者長處的萬能型產品。

M型這種規格，並不是毫無緣由一下子蹦出來的。室內裝潢業者拿來處理壁紙的職業用極薄刃（0.25mm）產品早已問世（這也是一種了不起的產品，有機會再另行介紹）。不過這裡所要介紹的M厚型則被分類為適合一般人使用的萬能型。刀刃厚度0.45mm，比普通S型（0.38mm）稍厚，正是新產品的關鍵所在。

辦公作業最常用的普通S型美工刀，靈活又銳利，很適合需要巧手的作業。對付影印紙或報紙、雜誌等，S型綽綽有餘。但因為它的刀片薄又細，遇到有點硬度的東西，刀

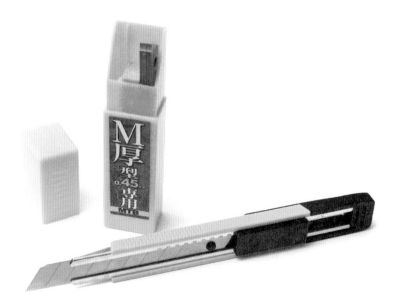

「萬能M厚型美工刀」（日幣420元）。

片就可能會折斷。

　　相對地，大型的美工刀，也就是一般所謂的L型，很適合用來切斷堅固的物體。不過由於刀片厚實，用在小物件上太麻煩，難以運用。L型的本體很大，原先的設計就是在工地現場使用，所以儲放在工具箱裡，因此若放在一般的辦公桌上便顯得格格不入。

　　在日常生活作業中，拿出大型美工刀很奇怪，但用S型偶而又會遭遇無法應付的情形。像這種時候，就需要「萬能」的M厚型，也就是這回的主角。

　　將不同功能的美工刀刃排在一起比較，尺寸越大的在越下面，依序為上：S型，然後是M厚型，L型。可見L型的刀片面積是S型的2倍，是M厚型的1.39倍。M厚型的刀片長度比S型長3.3mm，乍看下與S型很相近。裝進專用刀身「MT-1」時，將刀片收起來，M型跟S型差別不大。然而，實際上M型的厚度超過S型18％，剖面積是S型的1.64倍，整體而言體積增加50％以上（L型的剖面積則是S型的2.63倍。雖然L型堅韌程度因此獲得壓倒性的勝利，但推動刀片時阻力也較大）。

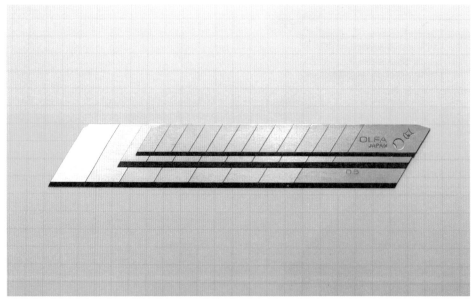

把刀片排在一起就可一目了然，疊疊樂如下。L型面積大約是S型的2倍，M厚型的1.39倍。刀片長度M厚型比S型多3.3mm，在視覺上看起來差不多。

或許M厚型與S型在視覺上差異不大，不過實際打開紙箱或切割捆包帶時，就能親身體會到M厚型與S型的刀片剛性完全不同。習慣了S型與L型刀片的人，會覺得M厚型的切割手感非常新奇。老實說，我自己事先也沒料到差異會如此明顯。儘管M厚型的尺寸大小與袖珍的S型差不多，但M厚型刀片所散發的穩定度卻讓人印象深刻。

只要稍微對刀片施力就可以輕鬆割開物件，手感真是太爽快了。

此外，針對紙箱等（我的工作場合時常要對付聚苯乙烯板）切割，M厚型比L型薄，因此切割時遭遇的阻力較小，加上刀片剛性比S型高，可說是平衡度非常好的產品。當然，如果是切割紙本資料等薄紙，S型還是比較靈活。倉庫、工地作業時，粗重工作則是需要L型的耐久性。只不過，如果只能挑一把放在家裡或辦公桌上，又希望能「萬用」，那麼既強韌、體積又不大的M厚型，確實是很有吸引力的選擇。

然而，由於刀片是消耗品，M厚型是否能簡單取得依舊是一大疑問。這款M厚型真的能成為深植人心的長青產品嗎？面對這款擁有超乎預期的優良手感與製造品質，我真希望M厚型美工刀能夠就此受到大眾的歡迎，變得越來越普及。

既然說到這裡，就順便來談談M厚型美工刀的晉級使用技巧。

請使用專門的「折刃器」

美工刀通常是拿來切割平坦的紙，所以大部分的情形是使用尖端約1mm的部分。這一小塊尖又薄，承受力也很脆弱，一旦施加太大

由上而下，依序是L型、M厚型、S型。從圖中可見，M厚型的外觀很接近S型。

M厚型的厚度比S型多18％，剖面積為1.64倍。L型的剖面積則約為S型的2.63倍。

的力道就會扭曲，也很容易出現缺損。

如果您手邊有美工刀，不妨拿出來仔細觀察。只要使用過一段時間，刀片的尖端部分幾乎毫無例外會出現損傷（即使肉眼看不清，用放大鏡就可以發現）。像這種時候該怎麼辦？就算不必我說讀者也很清楚。

沒錯，那就是把刀片折斷。美工刀刀片上刻劃出來的線，原本就是設計為了折斷刀片用的。OLFA這間公司的名字其實也是來自「刃可折斷」的意思。這種可折斷刀片的美工刀始祖，就是由OLFA公司的創始人岡田良男先生所發明，據說靈感是來自可折斷的板狀巧克力，這個小故事相信很多人都聽過。為了要常保刀片的鋒利，而創造出不須研磨或更換的「可折式」新型刀

專用折刃器「Poki」（OLFA）。

片，這在世界的刀具歷史當中，從石器時代以來的各種工業化量產商品，也稱得上是極為特殊的存在。

當刀片尖端出現缺損而變鈍時，只要折斷刀片，就能重新獲得等同新品的鋒利度。不過儘管如此，據我所知，真的會折斷刀片的使用者並不多，完全沒利用到美工刀最方便之處，真是可惜。在討論切割技巧高明不高明之前，至少先把刀片最容易損傷的部分折斷後再重新使用。如果不這麼做，便無法巧妙使用美工刀。

無論是再高價的美工刀，只要刀片缺損，性能就比廉價美工刀還不如。如果是因不知該怎麼處理折斷的刀片，所以才害怕折斷，我建議您使用專門的折刃器。所謂折刃器就是一個可讓刀片插入的塑膠製圓筒，能讓您簡單、安全地折斷刀片。折斷的刀片會直接掉入容器中，不必擔心後續處理問題。當然，刀片越折會越短，所以必須事先準備好替換用的新刀片。

請使用美工刀切割板

另外還有一項絕對要推薦的輔助道具，就是美工刀切割板。

我經常看見有人拿不要的舊雜

誌代替切割板作業，這是錯誤的。用雜誌當墊板，等於一次要切割許多張疊起來的紙。由於紙比切割板堅硬，造成刀刃受到的阻力變大。此外，經過切割的雜誌表面也會變得凹凸不平，難以作業，因此無法隨心所欲地推動刀片。

大部分的人都認為美工刀切割板的用途是為了不割傷桌面，事實上不僅僅如此。美工刀切割板可減低並保持作業時刀片的阻力，此外也能保護脆弱又容易受損的刀片尖端。另外，購買切割板時的訣竅在於，請購買比所需切割物體更大的墊板。例如要用A4的墊板來切割A4紙，只要換個方向，紙就很容易跑出墊子外，美工刀也可能劃過頭而不小心割傷桌面。

很多人以為我的手很巧，其實並不然。使用美工刀的訣竅就在於上述幾個基本注意事項。每種類型的刀都有預先設定的切割對象，因此必須仔細挑選適合的工具，正確進行切割作業，才是最重要的。勉強去切不適合的物品，只會讓刀片損耗，如果工具出現異常狀況，當然無法發揮應有的性能。

請好好使用適當的刀具。選擇正確的刀具，就能大大降低阻力，輕鬆美妙地完成工作。

（2009年9月3日發表）

美工刀切割板可減低並保持作業時刀片的阻力，此外也具備保護刀片的效果。

15

令人驚奇的刀片更換方式！保用10年的「機能美」美工刀

裁切 MZ-AL型美工刀（オルファ / OLFA）

69頁介紹了「如果只能選1把美工刀」的最佳選擇——OLFA「萬能M厚型美工刀」，接下來則要介紹同樣由OLFA（オルファ）出品的大型美工刀「MZ-AL」。

在此臨時打個岔，您認為刀具切割時的手感完全由刀刃銳利與否決定嗎？確實，刀刃是重要的因素之一，但MZ-AL美工刀足可證明刀刃並非唯一的考量。美工刀其實是一種很不可思議的產品，就算裝填的刀片都屬於同樣規格，只要刀身有變化，就會帶來差異極大的切割手感，好不好用更是天差地別。

這回要介紹的MZ-AL屬於大型美工刀，在日常生活中用到的機會不多，感覺起來更像是工地的工具，因此也不可能頻繁購買新品。在這個品項中考量要用很久的時間，就要挑選堅固耐用的產品。

好不好用並不完全取決於刀刃銳利與否，不過當然，刀片的切割手感還是最重要的課題。假使讀者是買來美工刀後完全沒折過刀片的人，建議您現在就去折折看。關於您這點，我再多強調幾次也不為過，折刀片的必要性、安全折刀片的輔助器具，以及美工刀切割板的

「MZ-AL型美工刀」（日幣1130元）。

想補充新刀片時，首先要把刀身本體翻過來，解除安全鎖的按鈕。

啪嘰！鬆開尾端的零件，將背面的蓋子打開。

把新的刀片放進去。

關回蓋子，恢復尾端零件與安全鎖原狀，這樣補充新刀刃的工作就完成了。

功用都在69頁的M厚型美工刀說明過了，請翻回前面參考。

「超簡單」的刀片更換設計

不好意思，這次的文章用了奇怪的前言起頭，接下來終於要進入美工刀正題。理解了折斷刀片的必要性後，實際使用時就會經常去折它，接下來沒多久您就會遭遇另一個問題。沒錯，那就是更換新的刀片。

一般刀片如果用到最後一段，就得把刀片推動器自刀身尾部取下，再小心翼翼地拿掉上面的舊刀片拋棄，再將新的刀片裝到推動器上，最後插回刀身軌道內。這項作業不但危險也很麻煩，偏偏在這種時候，更換用的新刀片又不知收哪去了，結果只好暫時使用最後一段極短的刀片。據我所知，要把銳利金屬刀片滑入金屬推動器時，對這兩種金屬零件碰觸會感到厭惡與不快的人，可說是相當多。

將推動器向前推，伸出刀身的最前端，就能輕鬆取下舊刀片。此時可見下方有新刀片。接著把推動器推回刀身最後面，新刀片就會自動裝好。

如果是這把OLFA 的MZ-AL，或許就能減輕您上述的不安。首先當刀片用到最後，只要直接將推動器用力向前推，伸出刀身的最前端，就能輕鬆取下刀片。接下來，直接將推動器推回原先的刀身最後端，新的刀片同時也就換好了。

等到下一次當我們需要用這把美工刀時，推動器伸出前端的就是全新的長刀片。這種設計名為「供刀片機構」。在OLFA 的MZ-AL刀身本體內，最多可收納6片更換用的刀片，只要按照前述方法將舊刀片取下並推回推動器，新的刀片就會自動安裝上去！有了這種類似槍枝子彈自動上膛的設計，無論是職場上需要用大型美工刀作業的人，或者是一般人都能使用很長一段時間，而不必擔心更換刀片的問題。

加入新刀片也超簡單！

不過就算如此，總有一天還是會遇到「供刀片機構」內的刀片全都用完的時候。屆時該怎麼辦呢？OLFA 的MZ-AL產品與一般的美工刀截然不同，連補充刀片的方式都

附有防止刀片晃動的固定螺絲。

右手持刀時，以拇指按住固定螺絲，朝自己的方向旋轉就能鎖緊。

不論刀片在什麼位置，都會自動鎖住的「自動上鎖機構」。

異常簡單。

首先，把刀身本體翻過來，先解除安全鎖的按鈕。接著鬆開尾端的零件，把刀身本體整個背面的蓋子打開，將新刀片放進去後，只要蓋回蓋子，恢復尾端零件與安全鎖原狀便完成（如76頁右圖）。雖說刀片不像槍枝子彈可以連裝，但這種簡單的更換刀片方式，市面上沒有第二把可以比擬。

「自動上鎖＋固定螺絲」鎖住推動器

當然，OLFA 的MZ-AL產品控制刀片用的推動器，不論處在什麼位置都會自動鎖住（自動上鎖機構），在事務作業中，即使用力刀片也不會擅自滑動。然而，儘管這類的設計非常精密，擁有自動上鎖機制的美工刀推動器在運作時，刀片還是會產生些微的晃動，這對室內裝潢等工作來說，連這種輕微的誤差有時也是不容許的。

MZ-AL為了防止自動上鎖機構會讓刀片晃動的缺點，加上了固定螺絲。仔細看這顆螺絲，是一顆逆螺絲（逆時針方向轉緊的特殊螺絲）。以慣用右手持刀的人而言，只要把拇指放上螺絲，朝向自己的方向轉就能鎖緊。儘管是微不足道的設計，但如此一來即使戴粗棉手套的人，也能以單手輕鬆將本體牢牢固定，施力時刀片就不會任意晃

刀身側面與刀片平行，上方與刀片呈直角，尾端的斜面則剛好可以讓手掌包覆住，因此能穩定地進行切割工作。

動。

「粗獷的刀身」
引導出美工刀的性能

接下來要介紹刀身本體。MZ-AL刀身的設計給人一種稜稜角角的感覺。老實說，我認為這是完整引導出這把美工刀性能的關鍵。MZ-AL的刀身側面與刀片平行，上方與刀片呈直角。這麼一來，只要觀察刀身本體，就能確認薄薄的刀片是否對準切割目標。一般美工刀的刀片，相對於被切割物件，都是垂直立起，使用時基本上是朝刀片前進的方向切過去。這麼做，切割薄紙還不會有什麼問題，不過一旦方向偏移，切斷面就會失去美觀，也會對刀片造成不必要的負荷。假使是切割聚苯乙烯板或紙箱等稍厚的物件，如果沒有尺的輔助，想要精準將剖面切成直角，其實並沒有想像中容易。

刀身本體剖面是橢圓形的美工刀，雖然比較容易用手拿取，使用起來手也比較不會疲倦，但對於需要穩固性的作業來說，還是MZ-AL有稜有角的設計比較有用。使用時只要注意刀身本體的上方，就能切出很漂亮的直線。此外，如果想要

握緊刀身，本體尾端的斜面剛好可以讓手掌包住，就好像步槍槍托的功用，這種牢靠的安定感真是出類拔萃。由於刀身內部還儲有更換用的刀片，因此整體重量適中，如果是用在需要施力切割的狀況，勢必能感受到前所未有的銳利手感。

MZ-AL刀身本體是以現場作業工具常見的尼龍樹脂（可能有加入玻璃纖維）所製。與一般文具常用的ABS樹脂相較，面對外在的衝擊力道，可說是具有壓倒性的抵抗優勢，就算是摔在地上或碰撞，也不會輕易損壞。

儘管這項產品外觀看起來非常粗獷，但無論是形狀、構造、材質都經過全方位考量，具有明確的製造目的。這種完全為了使用便利性的設計，名符其實地可用充滿「機能美」來形容。我想MZ-AL這把逸品要用上10年也絕對沒問題。

（2010年5月27日發表）

向筆型剪刀所蘊藏的「驚人功能」致敬！

裁切　PENCUT（レイメイ藤井 / Raymay）

這回要介紹收納、攜帶都很方便的剪刀「PENCUT」。這種剪刀的外形就像一枝筆，所以才會得到PENCUT的名稱。繼獲得廣泛好評的筆形圓規「PENPASS」（註：得到2008年日本Good Design Award）之後，這項產品是Raymay筆形文具的第2作（日本文具業界則是將PENPASS的自動鉛筆款加進去，稱PENCUT為第3作）。

它的特徵一看便知，就是收納時會變成筆形。收起來的時候尺寸就跟一般的多色鋼珠筆差不多。與前作PENPASS相比，雖然變厚了，但以剪刀的標準，尺寸堪稱小巧。

使用方法，先將側面的推動器朝自己的方向推，此時軟質塑膠製的握把就會「撲通」彈出來，這麼一來便準備完畢。接著打開蓋子即可使用，方式跟一般剪刀沒兩樣。

「X形的袖珍剪刀」是最大賣點

剪刀按照施力設計，可分為「U形剪刀」與「X形剪刀」兩種。U形的代表產品就是針線剪。基本上這兩種的刀刃底部都是相連的，抗力點（刀刃）與施力點（握把部分）不同。X形的兩組刀刃會在中間交叉，是一種刀刃在前，握把在後的設計。

U形剪刀尺寸很袖珍，有許多收納性非常良好的產品。只是在紙

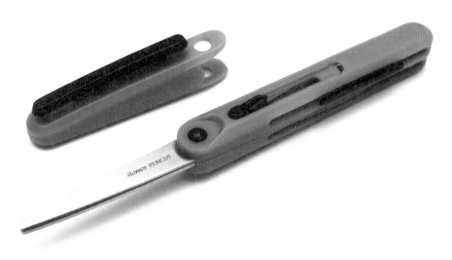

「PENCUT」（售價日幣630元），外型一共有5種顏色。

類的寬闊平面上剪裁時，握住握把的手就會形成障礙，一般而言不適合拿來剪大面積的物件。

而PENCUT的賣點則在於採用一般剪刀的X形，但又能保有U形的袖珍優點。如果要讓X形剪刀尺寸縮小，插入手指的「孔」勢必會成為設計上的組礙。由於剪刀收起時，握把無論是什麼形狀都無妨，因此重點就在於張開剪刀時的形狀。除了以彈簧強制打開的剪刀，想要撐開剪刀開始剪裁，基本上都得以手指拉開兩個孔才行。

調查剪刀專利與過去的創意可發現，攜帶性良好剪刀的設計重點，都在於如何處理握把的兩個孔，有的是折疊式，有的甚至是可取下的，解決的手法五花八門，但想要不減低剪刀本身的功能，產品又要製作得像PENCUT如此筆直細緻，真的還找不出第二把。

市面上有販售許多以前推出的商品。我所知體積最小的一款，是得過日本Design Award，於2003年商品化，由Shachihata公司推出的「SIX」。如果是以收納時的尺寸比

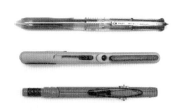

收回後像筆一樣又細又直，攜帶非常方便。

PENCUT（中）PENPASS（下）與多色鋼珠筆（上）放在一起，尺寸接近。

將推動器往自己的方向推，握把環就會「撲通」彈出來。（上圖是拉推動器之前，下圖是拉完以後）

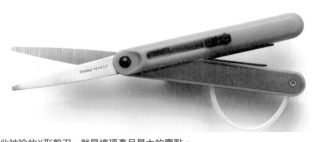

如此袖珍的X形剪刀，就是這項產品最大的賣點。

較，SIX相對PENCUT可說是有過之而不及，到目前為止我還沒看過收納狀態比SIX更苗條、更漂亮的剪刀產品。

然而，SIX產品卻有一個問題。SIX的指孔是矽膠製的環狀，長得像橡皮筋，使用時必須以雙手撐開矽膠環，手指才能通過；放手時也必須以雙手撐開才能抽出手指，感覺很麻煩。還有，由上下方施加力道時，會使板狀的刀刃出現左右錯開的情形，只要是稍微有點硬度的紙，用剪刀時只要多用點力，刀身本體就會偏移、軟掉，真是一個致命缺點。

相較之下，這款PENCUT又如何呢。雖說PENCUT刀身本體不像SIX一般纖細，但針對剪刀好不好用的觀點，這款產品算是下足了功夫。

PENCUT「軟趴趴」的握把環，儘管看來不像普通剪刀的握把那樣可靠，但以手指插入時的舒適感，搭配有些厚度的刀身本體，用起來可是比想像中更為優越許多。

把手指插入PENCUT剪刀握把時，拇指會從斜後方伸進去，手指接觸握把環的部位為內側2個點（慣用右手者為前方的左側面與後方的右側面，左撇子則剛好相反），握起來的感覺很安穩。至於能造成這種效果的關鍵，就在於所使用的握

所有的零件幾乎都是左右對稱。

「握把環」緊密貼合插入的手指，使用起來比預想更舒適。軟質的握把環會順應繞成S形，讓拇指更穩定。

試著分解PENCUT。黑色的零件就是分離器。只要換邊就能同時兼顧左右手的使用者。

慣用右手者使用的情形。握把朝右時，上方的刀刃會朝下打開，後方的刀刃會朝上打開。左撇子使用的情形，上方的刀刃會朝上打開，後方的刀刃會朝下打開。

把環「沒有伸縮力卻很柔軟」這個特性。

　　握把環設計為軟質塑膠，並不單純是為了收納考量，套在拇指上剛好可以繞成S形，除了配合拇指形狀，還能承受斜向力量而保持穩定，在將兩片刀刃折合起來時更加實用。至於另一邊的握把環，是插入中指而非食指，露在外頭的食指與其他兩根手指，則是用來支撐剪刀本體。

　　PENCUT的刀刃對於較厚的紙或非紙材質效果不太好，但刀刃是經過仔細研磨加工的不鏽鋼材質，因此裁切一般的紙完全沒有問題。

無論是慣用右手或左手都一樣好用！

　　此外，這把剪刀的另一個大特點，就是可以對應左撇子的需求。一般來說，左撇子用的剪刀與慣用右手者用的剪刀（當握把朝上打開時，上方的刀刃向右，下方的刀刃向左）會剛好成鏡像（上方的刀刃向左，下方的刀刃向右），因此要以同一把剪刀兼顧左右手兩方是非常困難的。

　　然而話說回來，PENCUT的所有零件幾乎都是左右對稱的，所以不管用左手右手都行得通。換手時，只要將連結握把的黑色零件（分離器）取出，倒過來裝在另一邊就可以了。

　　裝上這個分離器後，握把環在剪刀收起時會收在刀身本體內部，與分離器相反的方向下垂，只要打開推動器，握把環就會從反方向彈出來（產品出貨時是設定給慣用右手者）。

　　如此一來，左右兩手都可以兼顧。再仔細瞧瞧，刀刃交叉的方向也顛倒過來了，剪裁的方向與原來相反，變成了刀刃的前端。沒錯，一般剪刀不可能做到的左右反轉，由於這把剪刀採取了雙面刃的設計而達成了（這種左右兩用的方式，我在過去的文獻曾經讀過）。

　　因此，這把剪刀的刀刃之所以不像普通剪刀般研磨成斜面，而是保持垂直，就是為了避免在轉換時變成刀背可能會傷人。但除了普通紙以外，剪裁其他材質較為困難，也是由於這種刀刃的設計。

與「PENPASS」設計風格相異之處

　　先前提過這款產品左右對稱的特點，不過慣用右手者的人數還是遠比左撇子來得多，所以PENCUT

※5顆印章為滿分，得4.5分。

依舊在很微小的細節上出現了左右不對稱的情形。請仔細看刀刃尖端，刃的尖端呈角狀，但在使用右手位置時，外側部位稍微呈現圓形。

我雖然沒有百分百確定，不過這應該是為了慣用右手者所安排的設計，當喀鏘一聲把紙完全切斷時，手感會更爽快，也可能是考慮到手碰觸到刀刃尖端外側時的安全性。

總而言之，綜合來看，這把剪刀可說是匠心獨具，連普通剪刀難以達成的左右兩用功能，PENCUT都辦到了。如果真要我舉出一點比較在意的，那就是明明是屬於PENPASS所開發出的產品，為何細節的設計走向與PENPASS完全不同呢。

PENCUT刀身本體有稜有角的線條，與筆夾的形狀，雖然並不影響性能，但卻與PENPASS的風格截然不同。單獨看會覺得兩者都不錯，不過同時放在一起時，就不容易辨認出兩者是「同門兄弟」，總覺得怪怪的。

不過話說回來，以製作成筆形，不顯得突兀，又具備實用性的袖珍剪刀來說，PENCUT可說是毫無敵手。能設計出如此非凡的創意商品，我這個文具迷依然單純地感到無比喜悅。（註：Raymay藤井最新＜PENCUT mini＞得到2012年「第21回日本文具大賞・機能部門優秀賞」）

（2010年1月7日發表）

為了不傷人，刀背並不像普通剪刀研磨成斜面，PENCUT是垂直的。

刀刃尖端的角狀，慣用右手者使用時，稍呈圓形的一邊會位在外側。

17

膠帶切口「筆直」的震撼性機關

「直線美」是這款膠帶台的名稱。產品正如其名，外形線條除了膠帶捲軸以外，全都是直線。不過，最大的特色還是在於膠帶的切口也是直線。但是這款產品的驚人之處不僅僅如此，就讓我們依序說明下去。

首先看這款膠帶台的切口。實際拿膠帶來切割看看（90頁照片），與一般的膠帶台切口比照，就可以一目了然，確實是直線美！在日常生活中使用，除了使膠帶變得更美觀，在包裝物品方面，這種「直線」切口的設計可以讓包裝效果大為改觀。另外，如果要把之前貼過的膠帶撕掉，由於切口不是鋸齒狀，因此膠帶縱向裂開的機率也大幅減低。

呈「直線」切開膠帶的機關

消費者一直都希望能夠「筆直切斷膠帶」，回應這種需求的產品，已經出現過許多款示，但就我所知，這些產品幾乎都是採用等同於美工刀刃的銳利直線刀片。這樣一來，雖然切口會變得美觀，卻很

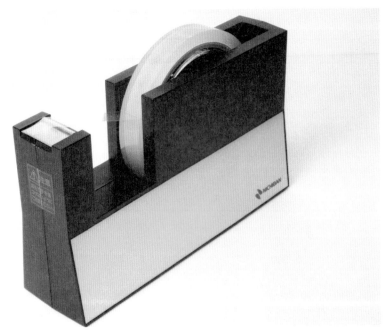

「直線美膠帶台」（大捲軸膠帶用售價日幣2310元，小捲軸膠帶用1890元）。照片為黑色款，另外還有白色款。

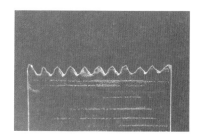

傳統的膠帶台切口是鋸齒狀。

使用直線美，切口的確是「直線美」。

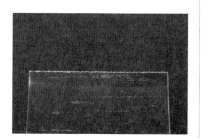

直線美的刀片是凹凸鋼板。

傳統的鋸齒狀刀片都是朝上。

難兼顧安全性。為了避免手指受傷，刀刃處必須要添加某種防護裝置。傳統鋸齒狀的膠帶切割刀片，雖然說不上安全，不過日常使用還不至於造成太大的傷害，算是一種不錯的簡便設計。那麼，這回要介紹的直線美又如何呢？

在下方的照片中，可以看見直線美的刀片採用凹凸化的平坦鋼板。傳統的膠帶切割刀片，刀刃都是朝上，相對於膠帶前進的方向呈直角。不過直線美的刀片卻是水平的，與膠帶行進方向平行，是躺著的。只要把膠帶刀片與接觸，不論從左右哪個方向拉扯，膠帶都會啪哩啪哩啪哩地迅速斷開。與其說是在切割膠帶，不如更接近撕開票根的獨特爽快感。

使用直線美時，膠帶會與刀片上方凸起的部分緊密貼合，凹陷的部分則懸空。在這種狀態下，膠帶會牢牢附著於刀片上，力量集中在邊緣。因此，緊貼刀片邊緣的凸起部分就會率先裂開，裂痕逐漸延伸，

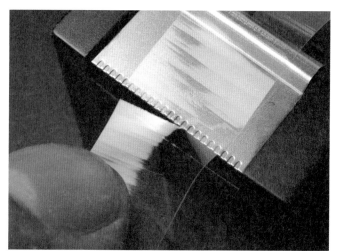

直線美的刀片呈水平狀躺著，與膠帶前進方向平行。膠帶貼上刀片後，不論從左或右都能迅速撕開。

到下一個緊貼刀片的凸起部分又會再度形成邊緣，重複這種動作，於是膠帶便切斷。

膠帶一旦出現裂縫，裂痕就會逐漸擴大，如果只是為了切開膠帶，平坦的鋼板或許就能達成目的。不過這樣一來，裂痕有時會朝斜向延伸，使裂縫脫離刀片邊緣，這樣就切不出完全與膠帶呈直角的切口。仔細觀察直線美的膠帶切口，可以發現並不是完全的直線，而是具有差異微小的等間隔高低差。刀片上的凹凸是為了不讓裂痕產生太快，在膠帶裂開同時，可以重新將膠帶拉回刀片。

這麼做的結果，相較於平坦的銳利刀片與傳統的鋸齒刀片，儘管無法形成完美的直線，但至少兼顧了安全性，可說是一石兩鳥的設計。

不過說到它的完美，其實還是有一點必須注意。

這款產品的刀片，最適合使用NICHIBAN生產的透明膠帶。同公司的主力產品透明膠帶最適合直線美，這是理所當然的，不過如果是以其他公司生產的膠帶來取代，切割時的手感與銳利度就會降低。

透明膠帶的主要材料玻璃紙（cellophane）是一種取自木漿的植物性原料，其他還有許多種原料可以製作膠帶。以一般膠帶來說，3M的透明膠帶產品「透明美色」就是以石化原料的PP（聚丙烯）為主，切割的感覺和直線美也不一樣。如果想要嘗試筆直地切開其他公司

這是NICHIBAN以日本南部鐵製成的膠帶台「南部」。

把一般的塑膠製膠帶台底部拆開，可看見裡面滿滿都是水泥。

出產的膠帶，切割結果可能會不穩定。此外，若是隱形膠帶（mending tape）或紙膠帶（masking tape）這類產品，想要每次都能漂亮地切成直線，恐怕也需要一些練習。

不過，在日常生活中使用這款產品時，只有PP製的他廠牌膠帶比較要特別注意。有些特殊膠帶是採用小捲軸，而直線美只能對應大捲軸的膠帶（本文發表後不久，小捲軸用的直線美也上市了）。

膠帶台最重要的是「重量」

前述都是關於刀片部分，但還有其他要素攸關膠帶台的性能。

首先，最重要的竟然是膠帶台的「重量」。講白了，就是膠帶台不能在使用中任意移動。我從以前就說過好幾次，市售的許多款膠帶台其實重量都不足。尤其在拉NICHIBAN生產的透明膠帶時，由於阻力較大，如果是放在桌上以單手拉膠帶，一不小心連膠帶台也會跟著拉動，這種狀況往往會造成使用者不快。

從這個觀點來評價，我最滿意的膠帶台其實只有「南部」。「南部」同樣是由NICHIBAN出品，本體是以南部鐵（譯註：日本岩手縣奧州市與盛岡市出產的鐵器）鑄造而成，非常堅固也十分沉重，重量有2kg。相較於一般膠帶台頂多1kg，「南部」的不動如山真令人安心。

不過為何傳統式的膠帶台不設計得重一點呢？

問題是出在加重用的材料。桌上型膠帶台大多是以塑膠外殼灌入水泥。如果把底板拆開，就會看到裡面的構造（91頁右圖）。

與灌水泥的塑膠製膠帶台（左）相比，直線美（右）顯得很柔弱纖細。

打開一看，直線美的內部空間竟然有11片鐵板！為了不讓邊角在本體內搖晃發出聲響，鐵板抵住了聚氨基甲酸脂的外殼。

取出鐵板。紅棕色的塗裝是為了防止生鏽。

水泥的比重為3.1。大約是水的3倍。而「南部」所使用的鐵比重則為7.85，在相同的體積下，重量會是水泥的2倍多。膠帶台看起來大小明明差不多，撕起膠帶的手感卻完全不同，原因就在於此。

那麼，直線美的底座如何？

纖細的造型，比起一般灌水泥膠帶台顯得弱不禁風，不過拿起時的重量卻會嚇到人（直線美重1.4kg，大部分的灌水泥膠帶台都是1.22kg）。把它拆開，從91頁的圖就可以明白為什麼。

直線美的內部是由11片鐵板所佔滿整個空間，難怪會這麼重。鐵板的重心在捲軸前方，所以可以巧妙平衡使用者手拉的力道。此外，位於膠帶台底部的腳座，南部是橡膠製，而直線美是採用聚氨基甲酸脂材質，抓地力並不遜於南部，加上直線美本身的重量，使得聚氨基甲酸脂可以牢牢抓住桌面，就算用手拉扯膠帶，膠帶台也不會在桌面上滑動。

由於這樣的材質，直線美的本體寬度可以做到僅有50.3mm。這種纖細的長方外形放在桌上很省空間，也不會妨礙作業，洗鍊的樸素直線構造，可以與經過空間設計的辦公室互相搭配。

另外一個重點在於撕膠帶時手指伸入的空間。捲軸與刀片間的距離較遠，手指就能較輕鬆地伸進去，這樣使膠帶更好拉。關於這一點，直線美也毫無疑問地通過考驗。

普通的膠帶台要價不到日幣500元，這款定價2000元是貴了一點。不過從直線美的設計感、功能、使用便利性等多方面考量，可以說是跟一般膠帶台截然不同的產品。如果您目前正在考慮辦公室使用的膠帶台，不要猶豫，就買這一款！我可以充滿自信地向您推薦這款直線美產品。

（2010年1月22日發表）

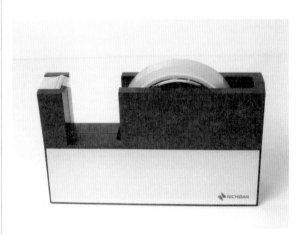

直線美的膠帶捲軸與刀片距離較遠，方便手指伸入。

18 令人期待的「第二台DS」！克服豆豆貼對手腕關節的壓迫

黏貼 豆豆貼‧魔術雙面膠DS（NICHIBAN）

不知大家是否使用過魔術雙面膠或是豆豆貼這種文具呢？

這種產品的外貌看起來就像大了一號的修正帶，但它裡面裝的不是修正帶，而是雙面膠帶。由於這種膠不含水分，不會潮濕，因此使用起來比口紅膠更為美觀。儘管外形看起來像修正帶，功能上卻與雙面膠更接近。尤其是不像雙面膠帶必撕掉背紙，這一點比起雙面膠帶來得更方便。

然而，我對周遭親友詢問過使用這類產品的感想，獲得的答覆卻並不正面，特別是女性，出乎意料地對這類產品評價非常低。負面的

評價大部分都是「無法隨心所欲地將膠帶拉成直線」。

魔術雙面膠是一種以滾輪將膠捲上的黏膠轉移至紙面的文具，使用方法非常簡單，只要將滾輪密貼在紙面上，然後筆直拉動就可以了，相信大家都很清楚。然而，認為雙面膠黏貼器很難用的人，幾乎都是因為無法順利將這個文具對準紙面垂直，或是按在紙上以筆直的方式拖行，所以問題其實是出在使用方式。不過，這也可以觀察到文具使用介面不符合人體構造的設計不良問題。

由於人類的關節大多是進行旋

NICHIBAN魔術雙面膠DS，俗稱豆豆貼，售價日幣420元。

轉運動，例如肩膀、手肘、手腕、手指等處，這些關節部位是骨頭與骨頭間的連接處，以此為軸心「旋轉」。平常我們能輕易使用各種工具，都是要靠許多相關的肌肉和關節同時調整動作，才能達成看起來像直線進行的運動。

　　由於人體關節會自然產生旋轉運動，因此許多人在運動手臂時，會無意識地以手肘或肩膀關節為中心，做出圓弧狀的軌道運動。也因為如此，造成在使用魔術雙面膠時，會將滾輪以略呈傾斜的角度在紙面上拖行，於是很難拉出筆直的線。有時候，膠帶甚至會脫離滾輪，吊掛在魔術雙面膠上。

　　這種情形並不只發生在雙面膠黏貼器上，想一想，我們想要用鉛筆和尺畫出筆直的一條線，也不是一件簡單的工作。擅長這項工作的人，應該是那些可以在空中讓手沿

著直線軌道正確移動的人吧，例如默劇演員（表演拉扯根本不存在的繩索）、大提琴演奏家，或擅長使用鉋刀的木工工匠等，這些人都是經過「練習」後才能辦到以精準的控制讓手臂做出直線運動。

　　當然，假使從現在開始，您也努力練習上述的技藝，相信最後您絕對能輕而易舉地使用魔術雙面膠，只可惜對一般人來說，魔術雙面膠並不值得耗費這麼多功夫。

　　採用相同構造和設計的修正帶，已在文具領域中佔有一席之地，因此大家在使用上都覺得理所當然，但其實修正帶只是因為拉動的距離短，較沒有人在意無法拉成直線的問題，假使要一次修正大範圍的字跡，能筆直而俐落成功貼好

一般來說，使用魔術雙面膠的要領就跟修正帶一樣，但想要拉得美觀卻很難。

可做出自本體上方按壓的精準黏貼動作：「蓋章式黏貼」。

的人絕對不多。由於魔術雙面膠的本體比修正帶略大，原本就比較難以握取，再加上所使用的膠捲也比較厚，一次要拉出的距離較長，才會給人一種很難使用的印象。

我可以簡單地批評不擅長使用雙面膠黏貼器的人「笨手笨腳」，

產品包裝上印的「膠帶達人」閃閃發光，比商品名稱還顯眼。

將內側複雜的機關拆下來研究。

然而人體構造天生就很不易拉出直線。如果這種情形持續下去，雙面膠黏貼器要擠身常用文具的行列，恐怕是永遠無望。這種情況下，要改變的或許應該是魔術雙面膠產品本身的設計才對。

所以，這自然是製造廠商大顯身手的好契機。魔術雙面膠是一種歷史僅有20年左右的菜鳥文具，截至目前為止，所有相關產品都無法成為最佳解決方案。如果能提出革命性的點子，搞不好能讓這項產品擺脫未成熟的既定印象，相信有志者都有相同的想法。最近，終於出現了令人感到有趣的創意。

其中，文具王我最為期待的，就是這款「魔術雙面膠DS」。

DS是「Dot Stamper」的縮寫，這可不是任天堂的新款掌上遊戲機喔。NICHIBAN這款產品的包裝上印著比商品名稱還顯眼的「膠帶達人」閃亮商標，因此就算錯看成西德尼‧謝爾頓的小說作品（譯註：Sidney Sheldon美國作家，其作品《遊戲大師》*Master of the Game*日文譯名為「ゲームの達人」）也不為怪。這款產品的嶄新膠帶黏貼方式，就是可以做出「蓋章式黏貼」。

如果想和從前一樣拖曳使用當然也可以，不過新的設計是，只要豎起本體朝紙面「喀鏘」按下去，魔術雙面膠的頭部就會沉下來，然後在紙上留下大約8.5×11mm見方的膠帶。只要拿起黏貼器本體，頭部就會恢復原狀，這時透過裡頭的繁複機關設計，會自行捲動膠帶，將全新的一段膠帶拉出來。這麼一來，不但很難按錯，也不會因為不自然的手臂動作而產生不適。

試過之後就知道，新設計確實輕鬆多了！如果想黏貼的物品是照片或發票這種小紙片，只要「喀嚓」「喀嚓」「喀嚓」「喀嚓」地對著四個角落按壓，就能貼得十分牢靠，還能節省膠帶的使用量。若是遇到面積較大的物品，也只要多「喀嚓」「喀嚓」幾次便行。用這種產品來確實黏貼物品的訣竅，就在於要像蓋印章一樣，精準用力地按下去（老實說，這也不算是什麼訣竅吧～）。無論如何，新產品使用起來更愉快是一定的。或許您會認為這只是小細節，然而能提出嶄新的文具握取與使用方式，依然是一種新創的革命。

那麼，我家的魔術雙面膠是不是可以全部換成這種呢！

雖然很想這麼做，但這種產品稱不上全能，還有許多問題尚待解決。由於它的構造極端複雜，光看設計圖就覺得體積非常巨大，感覺上幾乎跟我的手機差不多，比起其他單一功能的魔術雙面膠，簡直是大了好幾號，完全無法放進鉛筆盒裡。

而另外一個問題或許更為嚴重。雖然這個產品同時兼具拖曳與蓋章式的按壓功能，但在拖曳途中如果不小心按壓到，膠帶的頭部就會下降，使原本要蓋章的部分膠帶脫落。在這種情形下，如果繼續先前的拖曳動作，膠帶會慢半拍才拉出來。因此在一般的拖曳使用模式下，這種設計反而會讓使用者感覺不穩定。

接下來要說的一點，我是於心不忍的，不過這種構造實際上還具備某個「不能洩漏出去」的負面秘密。

以蓋章模式按壓出膠帶後，重新舉起本體，雖然會使膠帶捲動，但捲動的長度卻是按壓範圍的2倍，因此在這種模式下使用時，幾乎有一半的膠帶分量是完全浪費掉的，會直接被機器捲回去。儘管蓋章模式只會使用在「點」的小範

圍，照理說膠帶用量應該會比拖曳模式更為節省，但像這樣沒有用掉就收回，使用者還是會感到相當不開心。所以，在按壓式專用的設計上，這個魔術雙面膠應該可以更有效率，然而，如此一來又可能會限定了產品使用者，因此廠商大概很為難。可見，要開發新產品的確是一件困難的事。

不過，雖說這還是成熟度不足的新產品，但NICHIBAN魔術雙面膠DS依舊提供了關於這種文具的一個嶄新操作方式，就這個角度而言，可以和新款的掌上遊戲機互相媲美。

小型化及更有效率地使用豆豆貼，勢必會隨著這款產品的改版而進行。因此我對這項產品的發展依舊抱持了深切的期待，希望它能越來越好用。

（2008年2月8日發表）

還沒用到的膠帶被捲回去了。儘管位於位於中央的膠帶有轉移到紙上，但前後部分則被浪費掉了。

在按住紙面的狀態下，拉動膠帶的速度會變慢。

明明是「蓋章式」卻不用按下去!?
魔術膠黏貼帶／豆豆貼

黏貼　DOTLINER魔術雙面膠帶（KOKUYO S&T）

前頁介紹的是由NICHIBAN公司出品的「魔術雙面膠帶DS」（以下簡稱DS），是未來值得期待的商品之一。至於堪稱改良版的產品，就是這款KOKUYO發售的「DOTLINER魔術雙面膠帶」。

DOTLINER本體的尺寸為31×23×91mm，只比印鑑盒大一點，就「魔術雙面膠帶」產品而言，是前所未見的袖珍型，因此就算放在桌面上或抽屜裡也不佔什麼空間，收納性良好。使用時只要對準想黏貼的目標，將黏貼器本體放在正上方，然後「喀嚓」蓋下去，就會留下8.4×10mm範圍的膠帶，是屬於「蓋章式」的「魔術雙面膠帶」。

黏貼器下方有協助使用者估計黏貼位置的長方形導引器，前後左右都有記號標示出膠帶的轉貼範圍，很容易對準目標。由於膠帶本身帶有淡淡的藍色（這是DOTLINER系列的共通特點），能將蓋過的位置看得很清楚，這同時也是優點之一。

將導引器喀嚓打開後，就能依照一般修正帶的使用方式來拖曳膠帶（我覺得在這種模式下並不難用）。不過，由於這款的外觀

「DOTLINER魔術雙面膠帶」售價日幣420元。

只在四個角蓋章，因此可大幅減少膠帶耗用量。

將導引器的部分打開後，就能像傳統的魔術雙面膠帶一樣拖曳使用。

很明顯是設計成「蓋章式專用」，首次接觸的使用者應該不會知道還有拖曳的使用方法吧。這款產品就是如此明確地主張著「蓋章式」的訴求。相對於NICHIBAN的DS屬於「兩種方式都可以用，但主要是傳統蓋章方式」的設計，這款「DOTLINER魔術雙面膠帶」的設計明顯地將順位顛倒過來，也因此所有的規劃都是為了將這個蓋章的目的推到第一。

為了達成小型化的目的，膠帶總長只有6.5m，約為DS的一半。而最近的雙面膠黏貼器，就算是經濟型，也可以買到總長20m以上的產品，所以顯得DOTLINER特別短。如此少的膠帶容量，也許是因為是在蓋章式專用的前提下。

不過話說回來，以3×5相片大小的紙片（80×120mm）為例，如果以一般的魔術雙面膠帶上下拖曳方式黏貼，一張照片總共就要用掉超過200mm的長度，而只黏四個角的蓋章式卻只要40mm就夠了。當然這麼做的黏貼穩定度一定比不上四個邊全部覆蓋膠帶，不過由此可見，蓋章式黏貼確實能將膠帶的耗用量減少到3分之1甚至5分之1。

這款產品一共可蓋章600次，倘若採取四角蓋章黏貼的方式，大約可應付150張紙片。假使採取拖曳方式，20m的膠帶長度只能黏100張紙片，因此蓋章式的節省程度由此可見（但如果要用拖曳的方式，這款產品就很不利）。

由於膠帶減量，這款產品可以裝入傳統魔術雙面膠帶所放不下的袖珍四方形筆盒或筆袋中，提高了攜帶與收納的便利性，然而更重要的是，全新的使用方式完全不需要額外說明，光是這點就已經算成功了。特別是「不需要說明」這點，對一個新產品而言，算是相當重要的特質。這也是由於DOTLINER系列已經擁有非常豐富的產品種類（膠帶有26m與拖曳黏貼專用的款式等等，光是魔術雙面膠帶就有8種）。

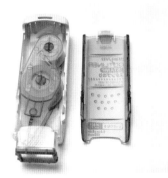

外觀屬於蓋章式，但內部構造與傳統拖曳式完全一樣，令人吃驚。

話說回來，蓋章式黏貼的這項賣點，畢竟還是DS較早推出，但要說DOTLINER只是抄襲先行者的仿造品，那又未必。雖然我並不認為DOTLINER的產品開發過程完全沒參考DS，不過從構造看，就可以明白兩者的設計理念大不相同。

到底哪裡不同呢……原來，這款產品「根本不需要按下去」。

相對於魔術雙面膠帶DS是以長方形的頭部對準紙面按下去來黏貼，這款「DOTLINER魔術雙面膠帶」卻是使用跟傳統產品一模一樣的頭部構造，是在紙面上「稍微拖曳一下」。

當使用者按下本體時，DOTLINER位於內部的滑動裝置與凸輪會巧妙地發揮作用，交互產生「將頭部按住紙面」→「稍微拖曳一下」→「讓頭部抬高離開紙片」→「恢復頭部原狀」的動作。我在此寫出詳細動作過程，或許讀者您會覺得很囉唆，不過我希望呈現的是，這個產品能夠產生代替人類手腕的拖曳動作。確實，以這種設計來看，DOTLINER膠帶的主要部分依然承襲過去產品的設計，只要將導引器打開，便能以傳統的拖曳方式使用這款產品。

外觀雖屬於蓋章式，但內部構造跟傳統拖曳式完全一樣，這是它的驚人之處。這種設計的好處在於，頭部在紙上拖曳的是一條線而非一個面，轉貼膠帶時，力量更能精準地施加在目標區域。另外還有一點，當頭部沒接觸到紙面而產生「壓空」的情況時，膠帶就不會捲動，只有真正接觸紙面時，膠帶才會動作，因此內部完全不會出現根本沒用過而浪費掉的捲回膠帶，可說是非常有效率。此外，捲動膠帶的機構與轉貼膠帶的活動機構是完全分開的，這也是源於傳統的雙面膠黏貼器，如此一來也就能避免內部機構過於複雜的難題。

最後，頭部的導引器可以將紙剝開，讓紙片不會跟本體黏在一塊。有了這個零件幫忙，在傳統使用時，無法單手使用的情形不復存在。新產品陸續出現在市面後，魔術雙面膠帶這個領域突然變得有趣起來。在我心裡總覺得這個項目還有許多待開發的空間，因此無法將目光焦點從這新興的文具項目挪開。

（2009年7月16日發表）

20

取代螢光筆與修正帶的貼紙!?體積與重量幾乎為零的「黏貼式文具」

黏貼　Portable（A-one）

A-one公司在市場上以生產印表機用的貼紙，在標籤貼紙項目為消費者所熟悉，這回他們發售了一系列特殊的貼紙產品，名為「Portable」。乍看下是與筆記和手帳搭配使用的貼紙，但概念卻非常有趣。與其說這是貼紙，還不如說是「以貼紙取代其他文具」的商品。

我們有許多放在桌子上的文具，一旦帶出門就顯得笨手笨腳。出門時我們偶而會有「如果有帶那個文具就好了……」的情況，而這種貼在手帳裡攜帶的Portable貼紙，感覺上就好像多了一組幾乎沒有厚度的「二次元文具」。這就是Portable系列的旨趣。

號稱不佔體積的袖珍攜帶式文具，過去已經出現過太多。但那些產品基本上都是將原始的文具小型化、薄型化、纖細化，藉此努力提升可攜性。原本巨大的產品能變小，讓人更好帶出門，確實是值得高興的一件事。可是不管怎麼說，再小的文具還是會在包包裡滾來滾去，造成使用者的負擔。

然而，假使文具的體積與重量都超越「小型化」，而變成「幾乎等於零」呢？Portable系列本質上就是貼紙，厚度等於1張紙，產品中膠片狀的薄產品厚度約0.1mm，而最厚的雙面貼紙也不過約0.35mm。即使

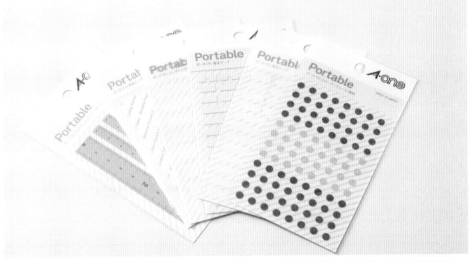

「Portable」系列。包括彩色標記貼紙與螢光貼紙、修正貼紙、尺＆角落標記等，共有8種。各售日幣420元。

將全部6種功能的貼紙疊在一起，厚度也不過只有1mm，這個數字真驚人。（※如果把不同顏色的彩色標記貼紙也算進去，這系列共有8種產品。）

　　Portable產品的底紙背面上端附有貼紙貼面，因此每一張貼紙都

整張貼紙可以貼進手帳，設計很方便。照片為搭配MOLESKINE的口袋尺寸手帳。

可以貼到筆記和手帳中（整張貼紙尺寸為74×120mm），面積剛好適合迷你6孔手帳（A6），也可以搭配MOLESKINE出品的pocket口袋尺寸手帳。由於貼紙橫幅只有A4紙長邊的4分之1，勉強可以貼到野口式「超」整理手帳中。也就是說，Portable的貼紙幾乎囊括了所有市面上主要的著名手帳。

　　對於不想把貼紙貼到手帳裡的人來說，只要沿著虛線將底紙從產品包裝取下，也可以塞入筆記和手帳的書套。「雖然只是貼紙，但已經達到了貼紙的極致！」這種細心的設計，真令人開心。

沿著虛線將底紙從產品包裝取下（上圖）就可以塞進手帳裡出門了（下圖）。

彩色標記貼紙。透明款可以讓底下的印刷透過，所以就算貼在手帳的印刷日期上也不會擋住數字（右上圖）。使用普通款貼紙時，有時可發現貼紙下方會出現笑臉（右下圖）。

不過，Portable最重要的貼紙功用又如何呢？基本上，它的系列一共有6種功能（把不同顏色算進去則有8種），產品的詳細介紹與內容如下。

標記用「彩色標記貼紙」

這是直徑約5mm的圓形貼紙。給人很迷你的印象，適合頁面不大的手帳中作標記。一張上面有3種顏色各32片，所以整張一共有96片（一個包裝含有2大張），顏色分標準款、透明款、螢光款3種，其中我最推薦透明款。這種半透明貼紙可以讓底下的字樣透出來，所以就算貼在手帳日期上，也不會擋住數字。舉例來說，如果買的手帳是國外進口的，裡面不會註明本地的國定假日，這時就可以用這種貼紙把規定的假日或重要的預定日期標記下來。當然，也可以拿來當作普通

的圓形貼紙使用。在使用Portable的標準款貼紙時，有時還會發現貼紙下方出現笑臉，這算是生產廠商刻意隱藏的小把戲吧（為了討喜還得額外專門印刷！）。

螢光筆效果的「螢光貼紙」

這是螢光黃的半透明帶狀貼紙，長度分為3種，形狀除了方形，還有一端變尖的箭頭款，可代替螢光筆使用。如果是用作教科書畫線，會因為無法調整長度，或貼紙張數不足等並不適用，但如果是拿來幫手帳添加重點，長度均等的螢

螢光貼紙。

修正貼紙。

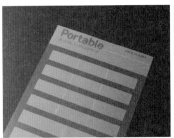

隱形貼紙貼在紙上依然可清楚看見下方內容，一點也不礙事，不過卻能藉此預防拷貝盜印（右圖）。

光貼紙反而更能增加美觀，效果很不錯。

節省空間最好用的「修正貼紙」

這項產品破除了其他修正帶產品的盲點，我對此確實非常感興趣。修正帶本來就不屬於必用的文具，也不像書寫工具便於攜帶。因此，將修正帶轉化為修正貼紙，帶來的便利性明顯大過於螢光貼紙。貼紙狀的修正帶其實並不是新產品，以前就發售過類似的東西，但之前的產品幾乎都是以捲軸轉印型為主流，於是漸漸消失。Portable改良了舊型的產品，讓它重出江湖，看到這種商品問世，讓我覺得十分有趣。

使文件難以被拷貝的「隱形貼紙」

出門在外有時想要貼便條紙或是想把信件封緘時，往往會出現「手邊沒有黏膠」的困擾，相信大家都有過這種經驗。這種貼紙除了可充當簡單的固定工具之外，由於本身是隱形膠帶，所以可讓紙面下方內容透出，但又不易被拷貝影印，還可以使用鋼珠筆或自動鉛筆在上面寫字。有些文具因體積太大不容易攜帶，但往往會遇到「要是有帶來就好了！」的尷尬場面，碰到這種情況時，這類攜帶式替代用品就能夠派上用場了。

可將便條紙、車票等直接黏貼在手帳上的「雙面貼紙」

令人出乎意料地，就像隱形貼紙一樣，有了雙面貼紙，往往會出現「幸好有帶這個！」的慶幸感覺。我想，沒有人會隨身把口紅膠或雙面膠黏貼器放在包包裡吧。不過，如果有想要把小便條紙或票根貼進手帳這種時候，有了雙面貼紙的存在，著實會讓人很開心。市面上類似的產品還有MIDORI的TRAVELER'S notebook等，因此並非專利。不過，Portable系列的不同處在於，它的產品可以附在所有手帳中一併攜帶。以前我經常會把TRAVELER'S notebook的雙面貼紙剪裁成適度大小來攜帶，現在有了Portable就方便多了。

「尺＆書頁標記」

尺貼紙的長度較短，難免讓人有實用性不高的疑慮。不過，優點在於使用手帳時，可以任意將它貼在頁面邊緣，對於像我這樣工作時常會接觸小零件的人來說常常會派

上用場。

書頁標記貼紙可以貼在頁面的角落部分，可以設定特定頁面，使書頁變得更醒目、更好翻開。像是年度預定與目標、檢查表格等經常需要參閱的部分，貼上這個貼紙就會變得很方便。這款貼紙的設定是貼上手帳以後就能持續使用，因此不把原來的底紙一起放進手帳也無所謂，相信只是為了補齊所有「貼紙能對手帳做的事」，才特地把它加入Portable系列的。

這系列的產品有些是不透明的，有些有額外印刷，有些則是雙面都可黏貼。儘管是「貼紙」，卻完全顛覆了過去對貼紙的刻板印象，帶來新概念。只要這家公司繼續秉持長處，深入發揮黏著貼紙的強大技術，相信日後還能繼續開創出前所未有的新領域。而且感覺上A-one刻意避開其他公司都在生產的便利貼，大概具有不希望分散實力的戰略考量。

由於貼紙在持續使用下很快會用完，因此可能會讓人感覺日幣420元的價格有點昂貴，不過這本來就是「使用頻率不高，只是有準備比較方便」的文具，對於我手邊隨時必須加入新資料的筆記、手帳與公事包來說，真是一種令人欣喜的新產品。

（2009年8月27日發表）

雙面貼紙。

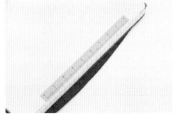

尺&書頁標記。把尺貼紙貼在書頁邊緣，手邊沒有尺的時候很方便。

書頁標記貼紙可以貼在頁面的角落突顯出來。

模擬大象與老鼠的關係!?迷你文具背後的故事…

黏貼 顯示型口紅膠PiT XS（TOMBOW鉛筆，台灣月光文具代理）

有一種叫「顯示型口紅膠PiT XS」的產品，屬於口紅膠家族，但體積只有一般小型口紅膠大約80％，跟護唇膏的體積相似。這項產品一看就給人袖珍的印象，連過去無法收納口紅膠的鉛筆盒（尤其是硬式鉛筆盒）也能輕易放進去，對學生等常常需要帶著文具走的人來說，這種「幾公厘」的差距並不算小事。

尤其對我而言，旅行時一定會隨身攜帶筆記本與口紅膠。將票根或收據等小紙片收集起來貼住是我的嗜好之一，因此有這種袖珍的產品真是太方便了。

雖說每個人的標準各有不同，但物品的大小一旦跨越某個臨界點，就會完全改變消費者的使用習慣。這種聚焦在「產品尺寸」上的商戰策略，無論是在飲料、食品，或是日用雜貨、家電、家具等領域中都能看見。消費者對擴大或縮小後的商品，會產生一種新的印象與使用習慣，如何找出其變化關鍵，就是廠商的課題。

在文具製造商中，近來TOMBOW鉛筆也重新設計了好幾款這類的產品。

這裡算是稍微離題了，不過我覺得TOMBOW鉛筆另外一款長度只

「顯示型口紅膠PiT XS」售價日幣105元。

有一半的色鉛筆很棒。雖說只是把鉛筆做成原本的一半長度而已，但這個產品的重點是考慮成年人要從包包中取出一般色鉛筆，還是需要一點勇氣。長度一半的色鉛筆，除了更方便攜帶的優點，想要「在旅行途中開始練習速寫」時，這種長度的色鉛筆應該就是極限了……至少，我看過這項產品後產生了這種感想。

只要有一些工學設計經驗的人就會了解，改變物品的體積，其實就等於進入了另一個不同的世界，

長度只有普通色鉛筆一半的袖珍尺寸「迷你12色色鉛筆NQ」。

最左邊是顯示型口紅膠PiT XS，與其他公司各種最小尺寸的口紅膠相比，就可以看出XS有多小。

不過，可不是如想像中用影印機放大縮小一般單純。手機或PC的小型化，必須經過工程師焚膏繼晷才能達成，或許在想像可以輕而易舉達成，但事實上沒那麼簡單，連日常生活中的文具這種小產品，想要小型化都不是那麼輕而易舉的事。

就如上述的色鉛筆，長度變成傳統的一半，可不是隨便決定的。這種長度勢必來自於原有生產設備的延伸，同樣依照過去標準長度鉛筆的加工方式，等完成後再對半切成兩枝就行了。

不過，乍看的簡單的計算，並不能直接導出「長度一半、書寫距離等於原本一半」的結論。想一想，我們在拿鉛筆時，後端還是需要預留手握的空間。不論怎麼削鉛筆，到了長度剩下30mm左右，依然必須丟棄。一般鉛筆的長度約為175mm，所以大約有17%是無法使用的。如果鉛筆變成一半，長度是87.5mm，最後還是得留下相等的手握空間30mm，造成無法使用的比率變成加倍的34%。與普通長度的鉛筆相較，筆變成一半長，書寫長度不是也同樣變成一半，而是只剩下40%左右，效率大減。當然，如果是成年人帶出門隨手速寫，就算

只有一半的使用量也足夠。在這個例子中，鉛筆尺寸並沒有構成嚴重的問題，不過其他產品可就不一定了。

所以，口紅膠的情況如何呢？

這款產品跟過去的小型口紅膠相比，長度約只有80％。不過，跟鉛筆不同的是，口紅膠直徑也隨之相對變細了。如果長寬直徑的比例都維持一定，體積就會變成$0.8 \times 0.8 \times 0.8 = 0.512$，也就是原本體積的51.2％。事實上檢視一下，在包裝上的產品重量，小型口紅膠為「約10g」，XS則為「約5g」，剛好等於一半，相信有些人可能會很驚訝吧。然而，這款產品重視的是藉此提高攜帶便利性（從立體空間考量收納能力，XS也只佔了一半。）。

但是當以工學設計的觀點思考，這裡就出現了另一個重點。

問題在於，如果直接把外形放大、縮小，相對於長度的變化量，面積的變化量是乘以2次，體積的變化量則是乘以3次。以這項產品而言，相對於原來的小型口紅膠（市場原本最小的同類產品），XS的表面積只剩下$0.8 \times 0.8 = 0.64$，也就是64％，而表面積相對於體積的比例則為$0.64 / 0.512 = 125％$。也就是說小型口紅膠的表面積反而增加了25％（再與一般尺寸的中型口紅膠相比，這個表面積相對於體積的比例會變成140％）。當表面積相對於體積的量變大時，就代表這種東西會更容易「乾掉」。對於口紅膠而言，這是很嚴重的狀況。

生物學中有一個著名的理論，與大象相比，老鼠體表面積相對於體重的比例較大，也就是說老鼠身體表面溫度喪失的速度會比大象快，因此代謝速度也會跟著變快，所以老鼠的身體需要比大象更快速製造出熱能。口紅膠的尺寸就像老鼠與大象的關係。

不過口紅膠並不會自己去補充水分，這一點和老鼠不同。對於口紅膠製造商來說，這是很恐怖的。因此，蓋子的密閉性對口紅膠而

旅行時帶著口紅膠，可將票根或收據等小紙片貼在手帳上。

言，簡直是重要到了極點。以放入鉛筆盒中來說，或許您會認為蓋子設計成方形會比較方便，但廠商卻沒有選擇方形的蓋子。這麼選擇最重要的理由，恐怕就是密閉性的問題。

塑膠在射出成型時非常燙，等冷卻凝固後，體積會稍微縮水。由於有這種特性，方形的蓋子很容易歪掉，無法保持完美的密閉性。但假使是圓形，由於每個角度都會平均地縮小，如此就能達成更高準確性的密閉性。

對於外在環境變得相形嚴苛的小型口紅膠而言，能將蓋子緊緊蓋上，是比什麼都重要的事（另外，圓形的表面要印刷也比較容易，也具備易於量產的優點）。關於耐用性的問題，生產這種迷你文具恐怕得比一般的文具更耗費心力。由於TOMBOW鉛筆擁有多年生產的技術與自信，才敢大膽進行小型化……當然，我的這種感佩，也可能是來自過度解讀。

接下來說點不相干的話題。過去手機吊飾文具流行時，KOKUYO曾出了一款口紅膠形的鋼珠筆。那項產品之所以沒辦法成為真的口紅膠，可以沿用上述的思考邏輯來猜

出答案。假使長度是原本的30％，體積就只剩下2.7％！（不是27％的筆誤喔），表面積／體積的比例則是330％。這種容量雖說不是完全無法使用，但假使真的去生產，一定會成為馬上就乾掉的垃圾吧。

產品都會傾向選擇中庸的尺寸，那是因為要變大或變小都不是任意可行的事。當體積變成一半時，並不是只有容量會變小而已，相反地，與尺寸「普通」的產品相較，這種小型化的東西，反而需要更高的技術與更大量的成本。即使今天我們討論的產品看來僅僅是一個小口紅膠，背後的功夫也不小。像這樣深入解讀後，我覺得有這種「容易攜帶的迷你口紅膠」上市，方便我在旅行時也能隨身攜帶，真是一件值得感謝的事。

（2008年3月7日發表）

產品邁入第20年,終於支援Mac!令人興奮的「TEPRA標籤機2.0」

黏貼　TEPRA標籤機PRO SR3700P（KING JIM）

一提到TEPRA這項產品,我就不自覺地會多話起來,這是因為自從1988年發售的第一代機種「TR55」起,我就是重度使用者了。

第一代機種「TR55」售價日幣1萬6800元,對當時還是中學生的我,簡直是天文數字,但受到廣告震撼,我還是深深認定「這才是新時代的文具!」因此立刻衝到附近的文具店購入(我承認自己年紀還很小就成為文具迷,不過在此之前,我從沒買過這麼貴的文具)。結果同一天一起購入的標籤帶,立刻被我用完了。後來等我升上大學,自行做了一份關於TEPRA的研究分析報告,還寄去給KING JIM公司,如此行為簡直可以與跟蹤狂媲美。

從TR55到TR77,接著進入SR系列,每次新品一上市,我就會同時購買更換好幾台,不過到了SR系列以後,我就不再換購新機種。因為對我來說,必要的功能「SR606」都具備了,更新的機種無法提高我的滿意度。之後雖然TEPRA陸續增加了許多小功能,每項新功能都很方便,相信能符合許多消費者的需要。但那已經無法誘使我換掉要價數萬日幣且還能使用的舊品(況且因為功能太多,機種之間的差異很難搞懂,現在市面上有哪些產品,

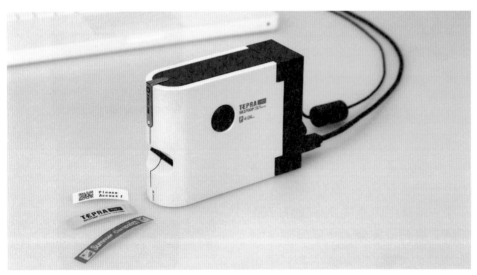

「TEPRA標籤機PRO SR3700P」,售價日幣2萬790元。

我已經記不得了）。

　　TEPRA這項工具可以協助我們印出漢字、假名混合的標籤，是一印出來就可以張貼的耐久性標籤。關於這項本質，從上市到現在都沒有任何改變。就這一層意義而言，TEPRA恐怕是一種剛上市完成度就很高的機器吧。不過仔細想想，我自己最近使用它的機會是越來越少了，為什麼呢？說來不好意思，那是因為製作標籤這項作業「變得很麻煩」的緣故。

　　這種心態發生的背景因素有二，第一就是PC的普及。

　　TEPRA第一代機種上市時，PC的普及率還很低，也不具備什麼繪圖功能。印表機也不像現在這樣能進行美觀的列印，價格又比現在昂貴許多。製作文件與列印時，依舊以文字處理機為大宗（那玩意體積也很大）。至於筆記型電腦，根本不是一般人的生活選項。

　　不過，製作標籤的需求，當年早已出現，在此產品之前，主要是使用一種名為「DYMO打標機」的塑膠製薄板，以手動刻印文字（現在還有很多人在迷）。不過DYMO需要有對應文字的文字盤才能印製。歐美字母較不成問題，日文則只能使用平假名跟片假名來組合，想要混合使用，每次都必須更換文字盤。而且標籤寬度與文字寬度都是固定的，標籤本身又很硬，無法輕鬆貼在柔軟或有弧度的表面。

　　在這種狀況下，TEPRA登場了。無論是平假名、片假名、英文字母，甚至連漢字都能印刷，文字的大小與標籤寬度也可自由變換，列印出來的標籤質地柔軟，顏色漂亮，文字清晰又好辨認，操作介面亦非常優秀。本體只有1個轉盤跟9個按鈕，轉盤的製作非常精細，至今我還記得首度用手轉動它的喜悅。美觀、耐用、方便——集所有優點於一身，讓傳統製作標籤的其

第一代機種「TR55」。

「SR606」。

他工具都相形失色。TEPRA就是以這種姿態誕生的。

然而，到了今天幾乎所有工作都能以PC取代，製作標籤也一樣。當然，如果是要製造許多不同種類的小量標籤，還是有點麻煩，但如果是大量相同的標籤，交給印表機準沒錯。字體及顏色可以利用PC跟印表機調整，因此「一定要用TEPRA不可」的感覺越來越淡了。

第二點，可能是因為我變成大人了，工作上有許多其他必須費心處理的事。原本我也想親手做出美觀的標籤，不過時間上卻越來越難以允許。到最後，如果是一般場合，我就乾脆拿奇異筆寫上去，或是用奇異筆寫在可以撕的膠帶上來取代標籤印製（我經常使用紙膠帶）。這種做法並無法滿足我個人，不過，我卻沒時間為了製作標籤而特地取出TEPRA。標籤的外觀好不好看，已經變成其次了，對我來說，TEPRA已淪為一種「有時間才能拿出來慢慢賞玩」的嗜好類文具。

就在這種「TEPRA倦怠期」中，為了紀念TEPRA廿周年而發售「SR3700P」的消息公布了。我看到廣告裡「支援Mac」的消息，就

產生了久違的興奮。老實說，我是有15年資歷的Mac使用者。在此之前TEPRA雖有支援Windows的產品，但卻沒有發行過支援Mac的標籤機，只有其他公司出過。也就是說，這回可是20年「TEPRA」使用資歷與15年「Mac」使用資歷的首度交集。這怎麼能叫我不興奮哩！

儘管發售日期訂在2008年7月，但由於我太想早一步確認它的性能，根本熬不住。這時我便對編輯部以連載系列文章為由，設法借了一台試用機。哎呀，用起來真是太過癮了。托了本書的福，我才能在上市前用「惡勢力」借到試用機（笑）。雖然只能借短短2週，還沒有用得淋漓盡致，但我還是非常開心，也算是了卻了一樁心願。

這台新的TEPRA對身為Mac使用者的我而言，應該算是首度的大幅改版，用「TEPRA 2.0」的稱號並不為過。

「TEPRA 2.0」的實力

「TEPRA 2.0」聽起來好像有點誇張，說難聽一點，對Windows的使用者來說根本感覺不出有何新意。只有外觀稍許改變。支援PC的機種很久以前就發售過數台，

「SR3700P」的基本功能幾乎跟「SR3500P」一模一樣。就這個意義而言，假使您是Windows的使用者手上又有SR3500P的話，並沒有必要買新機種來取代。不過，假使您是Mac使用者或手上沒有SR3500P，那麼新機種可以為您帶來莫大的好處。

TEPRA是「偶爾」才會好用的工具 如果想馬上使用…

TEPRA是那種「偶爾」才會想要用的工具。TEPRA標籤的美觀與方便，相信許多人都已親自體驗過。不過，對於手上有這種機器的人來說，不妨回頭想一想，您是否與我類似，實際上拿出來使用的機會並不多呢？

如果日常業務需要用到標籤，從這個念頭發想，到標籤印製出來，用TEPRA得花上3分鐘，所以沒有特別的理由大概不會用。如果是

附有Mac OS專用的「Simple Label Soft SMA3」。

需要上呈的報告或大掃除等時機，或許會考慮用TEPRA，但若只是自己資料整理，還要從收納櫃取出TEPRA、接上電源、啟動機器、輸入標籤內容並選字……抱歉，我絕對不幹。

如果TEPRA是公司的備品，由總務或事務人員保管，情況又更糟，還要特地跑去填寫申請單才能借出……只是為了做幾張標籤，誰有這種美國時間？

「有時間的話就可能做」意思實際上等於「不可能」。就算公司有這項工具，由於太麻煩，誰也不會去碰的。這麼一來，豈不就浪費了TEPRA的高性能嗎。這種東西還是要隨時放在手邊，一想要印到印出來必須在15秒內搞定，如此才能在實戰中派上用場。

不過，反過來說，假使這台機器真能在15秒內製造出標籤，那大家也就會「確實」使用這台機器了！如今我就把SR3700P放在螢幕旁，相信它已經能達到這個要求。TEPRA標籤的美觀與耐久性早就眾所皆知，既然都裝機完成，何不多用幾次呢！

在接收文件、拿到樣品或整理PC連接線時，打開TEPRA輸入文

字，按列印按鈕。程式啟動需要10秒，這一點讓人有些不耐煩，不過相較於舊機種從收納櫃取出到開機的時間，SR3700P列印完成的速度已經快很多了。此外，文字輸入的速度也加快了，再也不用像舊機型那樣必須有如「浣熊」般弓著背打字，只要以日常寫電子郵件的鍵盤就可以輕鬆輸入，速度比起以前快了數十倍。

無論製作出的標籤有多美，或是擁有擴充外國字母的功能，都比不上提升使用速度來得更重要。在商務電腦主機與螢幕之間，如果您有1本字典的空隙，我就推薦您升級SR3700P。這台機器可隨時與電腦連線待命。假使主要用的是筆記型電腦，可利用USB集線器將所有USB裝置都集中起來，如果把筆記型電腦放回辦公桌，只要插上線，TEPRA就能跟其他裝置一同進入待命的狀態。不管是要寫報告或自己整理資料，這種美觀又耐用的標籤機，我實在找不出任何缺點。

不過，我對SR3700P也不是毫無任何異議。

正如先前所提及，SR3700P本質與前代SR3500P並無太大差異，改變的只有外觀與支援不同作業系統而已。最近「支援Mac」的產品越來越多，就連以前對Mac完全不感興趣的機器，也逐漸將使用範圍延伸到Mac系統，這應該都是托了iPad的福，市場佔有率增加，知名度自然也會上升，加上「很想自己動手設計」這種欲望形成了潮流。不管理由為何，到了第20年，TEPRA才終於想到要支援我所使用的Mac，總是一件令人開心的事。

不過，這次的「支援」很明顯給人一種為了「支援」而「支援」的感覺，附屬Mac專用的軟體太過「簡易」，只能輸入幾行簡單的文字。不要說條碼或連續編號功能，就連想混合不同尺寸的文字都辦不到，功能還不到Windows版附屬軟體的10分之1，只能列印文字而已。如果這是為了反映兩種作業系統的市佔率，就令人感覺有點悲哀。（Windows使用者可以享受2D條碼與段落設定等完整的方便功能，用起來完全沒問題！現在馬上去買吧！）

此外，雖然列印驅動程式也附在產品中，可以印出其他軟體所製作出來的不同格式檔案，但這部分用起來非常麻煩，幾乎到了令人絕望的地步，設定方式令人難以理

解。舉例來說，我試過列印「Adobe Illustrator」做出的檔案失敗，只可惜借用的時間只有短短2週，我還來不及研究出正確的設定步驟。包裝內的說明書並沒有相關的說明，只註明按照各種軟體的列印設定去做，不過實際上卻沒那麼簡單。我有一次設定失敗，卻列印出長達40cm的空白標籤，只好驚慌地將電源線拔掉，才能阻止機器繼續運作，這是我的親身遭遇。

報紙與雜誌都報導它「支援Mac」，所以就算日後必須自己去下載，希望生產廠商能開發出更好用的軟體，這麼一來Mac的使用者才有可能喜愛上TEPRA標籤機。這就算我個人的獨立宣言吧。第一代

TEPRA在外形設計、概念上都不輸給Mac，在當年簡直是奇蹟般的先進優良工具。您認為這麼說太誇張了嗎？第一代TEPRA的外形與使用介面確實是找不出前例的劃時代產品，比「iPod」還要早13年誕生哩。

許多Mac使用者都是設計師或創意工作人員，因此如果能開發出更能與繪圖軟體配合的工具，相信有意願發揮TEPRA可能性的創意使用者就會大量出現。關於這一點，只好期待未來的研發進度。

我在這篇文章中出現了Mac使用者較愛挑剔的壞習慣。目前我是將TEPRA連接在自己使用的電腦上，無論是使用Windows或Mac系統，都能帶來壓倒性的便利。總之，一想到什麼馬上就能印出來，這才是最重要的，因此如果不把這台機器一直接在主機上，就失去意義。基於這種考量，最好不要期待公司的備品，不如自己掏錢買一台放在自己桌上，我保證能讓您重新發現TEPRA這項工具的存在價值。

至少我已經決定要在上市的那天立刻購入。

（2008年6月19日、26日發表）

包裝內的說明書，關於Mac的頁數非常少。

23

新款式的方塊外型。展現企圖心，卻令人扼腕

黏貼　TEPRA標籤機PRO SR600（KING JIM）

我在前面以有點亢奮的心情介紹了可支援Mac的SR3700P，其實TEPRA的新機種還有另一款方塊型的「SR600」。這台SR600所強調的是「外形設計」。近來，各家廠商都以自家產品的外觀設計作為賣點，那麼TEPRA設計功夫是否得到市場青睞呢？

為了強調簡約，SR600關上蓋子後，從外部看不到任何按鈕與螢幕，連「TEPRA」的標誌都隱藏在背面，這種堅持的程度可說是非常罕見。對廠商而言，如果不把商標放在正面位置，所需的勇氣可是超乎使用者所想像。由於這種決心，一旦蓋上SR600的蓋子，就出現了一款方塊產品，具有前所未有的清爽，從這個地方可充分感受設計者的企圖。

放在身邊時，由於產品呈現立方體，存在感意外地強。如果預想可能有人會詢問，必須事先思考要把這個立方體放在哪裡。室內的收納空間，無論是抽屜或書架，幾乎都是設計來存放平坦的物體，所以想要找地方放SR600並不容易，最安全的應該還是要放在桌面上吧。想要提高機器的使用頻率，就不要放置在被遮蔽的地方，而要放在開

放處，相信這也才是製造廠商的目的。

不過，既然廠商很明顯地具有設計的企圖心，綜歸我還是有2點無法接受，那就是電源變壓器與替換用的標籤帶。

機器本體的設計非常清爽，但電源變壓器還是跟舊款完全相同，看起來像一坨黑黑的東西上面長出兩顆金屬暴牙，屁股後拖著長長的尾巴。廠商的宣傳照片上，本體安安穩穩地放在桌上，可是變壓器到哪去了？另外，據我所知，幾乎所有人都會購入各種不同的補充標籤帶，那些東西又該如何收納？既然好不容易提出這樣的構想，我希望廠商能設法解決。就廠商網頁上的照片來看，電源變壓器好像根本就不存在。雖說SR600的確能用電池驅動，因此沒有變壓器也是不行，而

「TEPRA標籤機 PRO SR600」，售價日幣2萬3940元。

且實際上用到的機會應該不少。真想大聲疾呼我的疑問。

這幾乎是近來所有數位產品的共通問題，買了機器，連帶手邊也多了一塊漆黑龐大的礙眼變壓器。一旦將變壓器收納起來，機器本體與變壓器恐怕就此天人永隔，再也沒有重逢的一天。同樣的情形也發生在替換用的標籤帶。

在變壓器與標籤帶的造型設計不變動的情形下，另一家印表機廠商Canon的產品SELPHY就值得參考；它有專用容器可以收納印表機本體、印表紙、墨水匣以及變壓器，可以全部一起放入拎著走）。SR600也可以如法炮製，設計一個與本體相同大小的立方體容器，順便將變壓器與替換用的標籤帶一起裝進去。原包裝如果有跟本體大小相同的箱子，就算是紙箱也好，我就會拿來收納。考慮到購入後的擺設問題，如果能夠連這種小地方都設想週到，會讓使用者的感受大大不同。

產品設計與舊有機種並無不同

相對於產品外觀的改變，SR600的規格內容，與舊有機型幾乎完全一樣。雖然新的液晶螢幕多了背光功能，的確比較方便，但操作介面選單的排列等，大多與以前相同，使用者需要掌握訣竅，才能理解該在何種狀況下選擇不同的複雜設定。畫面上的基本排列方式，自從1992年「SR606」發售以來就沒有什麼更動，只有添加新功能。

也就是說，SR600的內容並不「簡約」。以前就用過TEPRA的人比較沒問題，但若是新手首次利用這款產品時，很少會不感到困惑。保留舊有使用者習慣當然很重要，不過這項產品的操作介面早就應該好重整了（或許是因為要花費很高的成本而沒有進行）。

舉個小例子吧。如果是用開關蓋子來控制電源on/off，這樣不就好了嗎？另外，如果能以手機使用的輸入法進行選字，使用者用起來就會暢快得多。總之，我個人認為，TEPRA目前最重要的課題就是該如何去除產品給人的「使用不便」印象。

以功能來說，SR600不需要連接電腦，作為單獨使用的機種，功能已算非常完善。不過，比這個機器更便宜，只要日幣2萬790元的SR530都已經內建輸入法（但無法預選字）和自動切斷標籤裝置，再考

慮機器與電腦連接的問題，就會明白SR600的定位似乎有點尷尬。

我曾因為感到好奇而去比較其他TEPRA機種，除了得到機型太多太複雜的印象，還發現即使高級機種的功能也不一定比便宜的機種好，結果讓我根本搞不懂該如何挑選。所以我的結論是，如果您沒有特別的功能需求，不妨以外型作為挑選的依據。從這個角度而言，SR600提供了一個新選擇。

我對這款產品的綜合結論是，如果您已經有其他款TEPRA，就沒有必要特別升級為SR600，而新手如果不需要與電腦連接的功能，則可以推薦購買此款機型。此外，我個人在使用時是以三洋電機的鎳氫充電電池「eneloop」為電源，不連接變壓器（理由是變壓器太醜、太難攜帶）。由於我希望一有需求馬上就能開機印製標籤，這款電池的

電池的使用需要6顆3號鹼性電池。將電池放入電池盒，再插入本體。

使用壽命較長，是低自放電池，即使充電多次仍有足夠的電源容量，適合TEPRA的使用。至於標籤帶我是把它捲起來，除了應付特殊用途外，基本上沒事不會去替換它。這麼一來，使用時的麻煩步驟就大大降低。

為了避免帶給您錯誤的印象，我要重複說一遍，TEPRA的系統確實很優異。不過也正是因為如此，我希望它能往「一想到馬上就能使用」的方向持續努力。這是我一介「TEPRA LOVE資歷20年」使用者的想法。

【番外篇】使用TEPRA的範例與訣竅

這部分的介紹不僅適用於於新機種，由於目的在於輸出合適的標籤，因此舊型TEPRA的使用者也可以參考本文。

首先，我認為使用TEPRA最重要的訣竅，就是挑選自己喜歡的「基本標籤帶」。我的選擇是寬9mm的白底黑字標籤。TEPRA的一大魅力就是標籤種類非常豐富，但最好還是限定自己使用的範圍。雖然也可以依照不同目的來準備各種不同的標籤，但顏色分得太細、過度講究的話，替換標籤帶時就會麻

煩重重，而且管理標籤帶也會變成一個問題。倘若想用的標籤帶剛好用完了，想必心情會瞬間低落（相信不只有我會這樣）。因此以我而言，我的備品全都是寬9mm的白底標籤帶，即使是要貼在較大的資料夾上，也依舊使用9mm。

我對標籤的用途，當然，貼在資料夾書背是最正統的，或者拿來當燒錄光碟片的簡易標示。不過，貼在會高速旋轉的光碟片上，可能會因重量造成光碟片旋轉偏移或脫落，這點請多注意（以我自己用在CD或DVD的經驗，標籤還沒遇過脫落的問題）。TEPRA的產品比其他廠的標籤輕薄，密合度又高，因此對光碟的影響應該很小。一般的使用方式，是把標籤貼在物品上，註明日期與使用方式等，當然也可以按照自己的特殊用途為標籤定位。

把屬於自己的東西寫上名字，感覺好像讀幼稚園或小學的小朋友，但相信大家都有在公司或外面搞丟電子計算機、鋼珠筆等文具的經驗吧？如果放在會議室忘記拿，有名字的文具比較容易回到主人手中。相反地，假使東西沒標明姓名，就算撿到的人想要物歸原主，機率也會變得非常低。我平常會帶許多私人物品去公司，所以幾乎都會貼上這種「姓名標籤」。此外，外出時東西弄丟也是常發生的事，如果是很重要的物品，如筆記型電腦、手機、數位相機、筆記和手帳等，雖然最後不見得一定會回到您手上，但貼上印有住址與聯絡方式的標籤，對您並不會有什麼損失。雖然外觀看起來不太好看，但總比東西搞丟無法回到自己的手上要來得好吧。

再舉一個使用範例。我經常會用到一種圓形夾（121頁圖）。我會將委託事項貼在這種圓型夾子上，夾住文件後放在對方的辦公桌上，如此傳達我想交辦的事。這種圓型夾除了可以夾住很厚的東西，由於很大一顆，還具有非常顯著醒目的優點。如果要製作標籤當作手帳的索引，可以在標籤中央空1行，印上左右對稱的相同文字，並且保持換行相同的位置。這麼一來，只要把它對折，就可以輕鬆做出可以黏牢的索引了（如右中圖）。由於標籤的寬度不同，可容納的字數也會有差異。我自己的範例使用的是寬9mm的標籤，雖然面積較小，但辨認度很高，拿來當索引十分好用。

差點忘了提，入手TEPRA之後

的第一件事，請先印出一張此機種名稱的標籤，然後貼在專屬的變壓器上。由於大多數電子產品的變壓器長相都一樣，不僅沒有註明產品的名稱，連製造廠商都沒寫。剛買來的時候或許還記得，不過日子一久，難免會搞不清楚某顆變壓器是屬於哪個機器的。有些機器本身早就丟棄，但變壓器依然留在家裡，更造成這種問題的複雜化。相信許多人家裡都有一箱不知道是做什麼用的變壓器。TEPRA的變壓器雖有「KING JIM」的商標，不過我覺得還是不夠，至少應該要貼一張印有機種名稱的標籤。既然這款產品屬於TEPRA，更應該這麼做才對。

帶來辦公便利性的還有另一種用途，就是拿來當作連接線的識別標籤（最右圖）。在公司、辦公室等場所，地板或桌子後方經常會有一大堆電源線、網路線，平常不去動它也就罷了，一旦要更改辦公室的配置，就很容易因線路混亂而引發嚴重的問題。長達好幾公尺的線路，另一端連到什麼機器上，根本沒有人搞得清楚。

集線器裡的網路線外觀全都一樣，很難分辨哪條是哪台電腦用的，這種高科技的電子產品竟有如此原始粗糙的設計。至少在線路兩端印上相同的記號，這樣會比較好辨別吧，相信類似的麻煩經常發生。如果能事先針對線路進行標籤處理，等到需要變更連接線時，就會感謝老天了。

想要讓貼在電子器材的連接線標籤容易讀取，就要注意連接線的圓周長度，因此製作文字左右對稱的標籤時距離就要寬一點。將印有文字的位置對準連接頭中央貼好，兩側就能牢牢地固定，這也是一個小訣竅。

（2008年7月4日發表）

將委託事項貼在圓形夾的頭部，有效率地傳達訊息。

拿來當手帳的索引也很好用。

標明不同USB連接線的標籤。

「力氣只要一半」的釘書機，天底下有這麼棒的事嗎？

裝訂 SAKURI FLAT（MAX）

老字號釘書機廠商MAX的產品「SAKURI」推出了針腳平貼款（釘書針釘下去後面是平的）的「SAKURI FLAT」，就是我們底下要介紹的產品。如果您想要一把好用的普通釘書機，我首先會推薦這款。

無論是輕盈使用感、釘書能力、耐久性等等，每一項都是不會製造使用者壓力的超高成熟度產品。對於已經多年沒更換過辦公室釘書機的人，真希望都能嘗試看看

（可以先去店面試用展示品），相信一定可以明顯感受到釘書手感的差異。產品包裝上寫著「『裝訂』的極致」，「極致」這個形容詞確實一點也沒錯。

不過，究竟是哪些項目達到了「極致」呢？這項產品幾乎擷取了MAX每一款小型釘書機的優點，難怪會被廠商命名為「SAKURI」，這個字在日文中原來就是形容刀子輕鬆切斷物品的意思。與過去的產品相較，只要用大約50％的力量就能

「SAKURI FLAT」售價日幣682元。顏色共有5種。

「SAKURI！」地輕鬆釘好文件。就讓我們來研究這個「減輕釘書力道的結構」吧。

在使用同樣釘書針、紙，以及相同的張數下，這款產品只要花50％的力氣便能達成，天底下有這麼棒的事嗎？

老實說，這得依靠機關才能辦到。為了解說，讓我們拉起產品上蓋觀察看看（下圖），左邊是傳統的釘書機，右邊則是SAKURI FLAT，相信您已經可以發現兩者不同；注意的關鍵就在「釘針板」與「拇指」之間的關係。

傳統釘書機「推動針的力量＝拇指的出力」。

仔細觀察SAKURI FLAT，可以發現上蓋與釘針板之間留有較大空間。

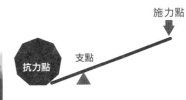

槓桿原理

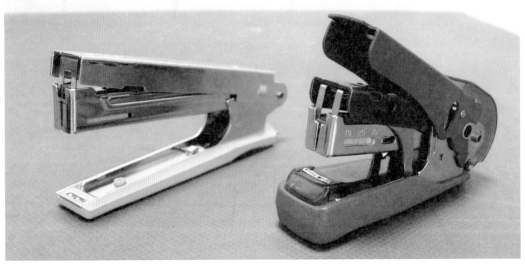

拉起上蓋的狀態。左邊是傳統釘書機，右邊是SAKURI FLAT。

①以1的力量按下「施力點」，根據槓桿原理「抗力點」的力量會變成8倍。

②變成8倍的力量傳到「施力點2」，再以槓桿原理讓「抗力點2」的力量變成4分之1的2倍。

握住移動的距離是普通釘書機的大約2倍。

為了提高剛性而經過煅燒的零件。

　　這兩種釘書機都必須靠拇指按壓的力量，才能推動釘書針貫穿紙張。傳統的釘書機是從釘針板正上方按下去，「推動針的力量＝拇指的出力」（左上圖）。然而，只需要50％力氣就可以釘好的SAKURI FLAT，比起普通的釘書機在「釘針板」與「拇指」之間多加入其他零件，並且留有空間（中上圖）。這裡就是關鍵。

　　那塊多出來的零件就是「槓桿」。什麼，原來是「槓桿原理」——如果您這麼想，您就猜對了。仔細想想，您認為這種構造是否不可思議？

　　請回想一下國中的理化課本。一般來說，槓桿原理應該是像123頁右上圖所示，只要把物件放在靠近支點的地方，從遠端按壓下去，這麼一來重物就能抬起來，這就是所謂的「力量與施力臂長度成正比」。不過在SAKURI FLAT產品中，釘書機並沒有做得比較長啊（而且正好相反，產品還變得稍短）。

　　仔細觀察一下這個零件的支點、施力點，與抗力點。如何？咦？抗力點怎麼會在根部？或許您察覺到了吧，這就是這項產品的魅力。

　　相對於從支點到施力點的長度稍略大於60mm，支點到抗力點的距離只有大約7.5mm。利用這個槓桿，SAKURI可以將拇指按下去的力量放大8倍（左圖①）。不過，由於按下去的位置是在釘針板的根部，針實際所在的位置卻是在前端，我們必須用相反方向的槓桿轉換。這一次支點的位置就不同了，與施力點2的距離約為15mm，與抗力點2的距離則是60mm，力量會縮小為原本的4分之1（左圖②）。放大8倍的力量縮小為4分之1，變成原來的2倍。這就是計算過程（由於接觸的位置並不是理想的點，實際上

這種算法會產生少許誤差）。

　　或許讀者會覺得，為何要設計出這麼麻煩的構造？但就是因為如此，釘書機才能以一般長度來實現節省一半力氣就能釘下去的目的。

　　話說回來，看起來大小相同的釘書機，卻可將力量變為2倍？總覺得哪裡不對勁吧？

　　由於槓桿原理使得同樣施力變成2倍的了不起結果，使得大家忘記移動距離也變成原先的2分之1。這就類似於腳踏車的變速裝置，較輕的檔必須踩踏較多次才能轉動。但因為釘書機的針長度都一樣，最終針所需的移動距離保持不變，只有我們拇指按下去的移動距離會變成2倍。

　　由於SAKURI FLAT握住的距離是普通釘書機的大約2倍，我們來重新檢視這項產品，會發覺多出來的零件啟動位置的確比較偏上方，感覺像是要推著釘針板移動（124頁第3圖）。物理學將「力×位移」的結果稱為「功」。因此我們只是改變了兩個變數，握住釘書機所做的「功」並沒有改變。天底下果然沒有白吃的午餐。

　　實際上使用的人當然不會在乎

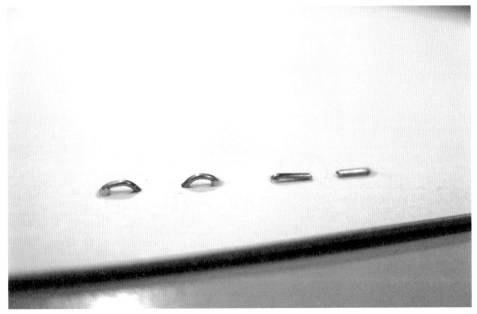

左邊是傳統釘書針，右邊則是以SAKURI FLAT釘入的模樣。

打開上蓋，探索針腳平貼的秘密。上圖為釘書前的狀態。

①使用FLAT時，緊鉗會被針往下壓，但緊鉗周圍的框框並不會跟著下移。

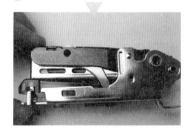

②再繼續往下壓，釘針板上的「牙」狀零件會進入底座，把從內側支撐緊鉗外框的零件一起帶下去。

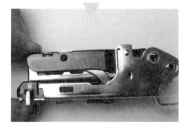

③緊鉗的外框發出「喀嗒！」聲蓋緊。就好像從後方把緊鉗打下去一樣，最後壓下針。

這個計算過程，只會覺得「好輕鬆！」而已，這就是這款產品設計的巧妙之處。試用這把釘書機時，即便握住的移動距離變成2倍，但由於並沒有超過手掌掌握的範圍，而且是在一瞬間完成的動作，不會有人在意這個差別。能夠高明地將這種機關隱藏起來，這不是一眼就能看穿的變化，一般人只會覺得跟其他產品差不多。我身為一介使用者，當然很歡迎廠商研發出這種產品。

附帶一提，由於這種裝置會把原始力量放大8倍，

承受釘書針的金屬零件（緊鉗）形狀比較。傳統釘書機（左）與SAKURI FLAT（右）看起來很相似。

對照左右兩組文件，各為10張紙為一份，釘好，堆疊35份（共350張紙）的結果。左為傳統釘書機，右為SAKURI FLAT的結果。

對於機體承受力量的零件來說，負荷是有點過重。為了提升機件的耐久性並維持正常運作，零件經過特別處理，也就是進行「煆燒」的熱處理，變得比一般的金屬板更為堅硬、不易變形。所以，在上方有一塊零件的顏色之所以會是黑的，就是因為煆燒的緣故（如124頁最左下圖）。真不愧是老字號的釘書機製造商，對這方面的要求也毫不妥協。

我們講了很多理論的部分，卻還沒提及產品名稱中「FLAT」的命名典故。這個命名就是針腳平貼式的設計。但是這款產品的有趣之處太多了，並不光只有針腳平貼的結構而已。

在此之前都是討論SAKURI FLAT之所以能「SAKURI」的理由，現在讓我們來注意「FLAT」這部分吧。

針腳平貼式本身並不是什麼全新的功能，相信許多讀者都有經驗，這種釘書針釘在紙上時，背面會變成平的。普通釘書機所釘出來的針，背面會有兩個彷彿山丘的小隆起（125頁照片）。這種隆起會隨紙的張數多寡與釘書機的機種不同改變，但一般而言，10號針

（小型釘書機）的隆起高度約為1～1.5mm，在大多狀況下比我們要釘的紙厚度還更高。一般人平常大概不會去在意這種事，不過如果我們把許多釘過的文件疊在一起，隆起就會積少成多，出現越疊越高的窘境（126頁大圖）。

通常辦公室的文件的釘子都會訂在左上方，在相同的位置使用釘書機，一旦文件堆疊起來，就會發生不可收拾的慘況。倘若是要用資料夾夾住釘書機釘過的資料，即便是同樣大小的資料夾，也會因為所釘的張數不同而出現容量的差異，此外，這種現象還會造成開會前準備好的成疊文件「雪崩」。為了要避免上述狀況，針腳平貼式的釘書機誕生了。在針腳平貼的前提下，彎曲在紙後方的針腳會與紙面貼平，呈整齊的水平。這種情況下，只剩下針本身的厚度0.3mm的影響，疊在一起文件的隆起，也只剩下傳統釘書針時的3分之1。

那麼，平貼的針腳是如何釘出來的呢？

一般的想法，會認為秘密是在針所接觸的金屬零件上，不過仔細看看承受針的金屬零件，SAKURI FLAT和一般的傳統釘書機一樣具有

SAKURI FLAT（右）的底座部分比傳統釘書機（左）厚實許多。

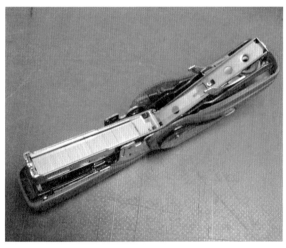

SAKURI FLAT上蓋全部拉開的狀況。

「緊鉗」。理論上，要釘出平坦針腳的SAKURI FLAT緊鉗，可以看到同樣具有兩處凹陷。那麼SAKURI FLAT究竟是怎麼達成FLAT的？秘密其實是在彎曲釘書針的時機。

一般釘書針在貫穿紙的同時，會連續性地與緊鉗接觸，由於緊鉗上的兩處凹陷，會被擠壓成兩個隆起。但在使用FLAT時，緊鉗只會被來自根部的小彈簧輕輕推一下，藉此把貫穿紙的釘書針壓下去。在這個時間點，針腳尚未被彎曲，而且此時緊鉗周圍的框也沒有跟著下移（126頁圖①）。

再繼續往下壓，連接在釘針板上的「牙」狀零件會進入底座，把從內側支撐緊鉗外框的零件一起帶下去（126頁圖②）。這麼一來，緊鉗的外框失去支撐，便會發出「喀噠！」聲蓋緊。這一瞬間，緊鉗外框會從後方以捶打的姿態推動釘針，最後壓下釘針（126頁圖③）。

這時，施加在釘書針上的力量，會集中在貫穿紙張的部分，針腳彎曲起來時，並不會被壓出隆起。如此一來所謂的FLAT就達成了。

針腳平貼式釘書機的底座，會比一般釘書機厚，那是為了要負荷

前述構造。另外，由於有這項構造存在，針腳平貼式的手握處所承受的衝擊力，與針在貫穿紙張、彎曲時會分成兩個有時間差的步驟，連續釘書時，爽快感會比前一版不具有FLAT功能的SAKURI遜色幾分。

SAKURI FLAT還採用了其他幾項有趣的構造。

如果要補充釘書機的針，就必須拉開上蓋。然而SAKURI FLAT因為槓桿裝置的設計，上蓋的可動軸心必須朝前挪移，這麼一來，上蓋不像一般釘書機可以大幅拉開。這個時候，可以將軸心的金屬零件暫時「脫臼」，看起來就好像蛇為

為了能大幅打開而讓零件「脫臼」。

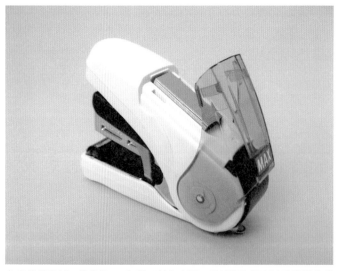

上蓋外側規劃了能收納100根備用針的空間，這種增加便利性的設計非常大膽。

拔針器多加了一塊塑膠製的壓針零件。

了吞嚥大顆蛋的動作。透過這種方式，SAKURI FLAT可以跟一般釘書機一樣輕鬆補充釘書針。

SAKURI FLAT還有另一個特殊點。由於底座內推動針前進的裝置設計極端迷你，可裝填的釘書針數量是前一版「SAKURI」的2倍，可達100根。此外，上蓋外側還規劃了能收納100根備用釘書針的空間，合計本體可儲存200根針以供使用。更進一步觀察，裝針用的供針裝置部分，為了避免倒置時會從軌道掉出，還多增加了一組滑輪狀保護器。

再者，拔針器（拆釘書針用的鏟狀零件）也更新了。舊有的尾端拔針器，原本只是一塊鏟狀的板子，但在這個產品中，卻多加了一塊塑膠製的壓針零件。當我們在拔釘書針時，許多人會無意識地左右扭動拔針器，這麼做，有時會使一側的針腳先被拔出，另外一側還固定在紙上，但此時拔針器已失去著力點，導致最後只能用手拔。有了這個零件，我們可以從上方輕輕壓住針，避免針逃出拔針器的控制範圍，即使最後只剩下一根針腳連接，塑膠零件也能適度將殘餘的針腳拉出。

一個看似單純的釘書機，卻暗藏了如此多樣的巧思與創意。雖然每種設計感覺起來好像微不足道，但是加在一起卻會對產品好不好用造成巨大影響。下次您要購買釘書機時，請務必試試這款「與眾不同」的產品。

（2007年12月7日、21日發表）

25 一次穿透40張紙的衝擊！完全不同次元的「終極釘書機」

裝訂　Vaimo11（MAX，台灣利百代 代理）

如果您以為釘書機的研發在前一項所介紹的SAKURI FLAT已經是集大成了，您可能不會料到原來它的進化，其實只是為了接下來我們要稱為「終極釘書機」也不為過的產品。這項產品就是「Vaimo11」。命名典故是出於日語唸起來就像「有2倍」，象徵它比普通釘書機要強2倍。儘管這個諧音並不是多有趣或多奧妙，但變成2倍究竟是怎麼回事？前頁產品只需要花一半力氣，這項的賣點變成2倍？難不成產品裡頭放了哪種騙人機關嗎！

普通手握式釘書機的裝訂能力，上限大概是20張紙左右，相較之下，在單手操作下，Vaimo11卻可以一口氣提升到2倍的40張紙。這怎麼可能！

試用過以後，會發現，40張紙也在「啪噠！」的爽快聲響中被這個針腳平貼式（釘書針釘下去後面是平的）釘書針解決掉了。儘管厚達40張紙，實際按下去時並沒有什麼阻力，頂多就是感覺稍微有撞擊感，一瞬間甚至還以為釘失敗了。把紙翻過來看，40張紙已經若無其事地被平坦的針腳固定住了。以前只能釘20張紙，究竟發生了什麼事

「Vaimo11」售價日幣1575元，附專用針1盒。顏色共7種。型號 HD-10FLK。

情呢？

原本一般的釘書機，再怎麼努力也只能釘20張紙，但只是稍加改良之後，就能夠將上限一躍而升變成提高到40張紙？這都是來自於身居釘書機產業龍頭的MAX，冒了極大的風險研發出新規格的釘書針之故。這款釘書機，所使用的針與舊有產品是截然不同的。

Vaimo11的「11」又是什麼意思呢？明明是釘40張，怎麼會是11呢？或許您會有這樣的疑問，不過11並不是指可釘的張數，而是其所使用的釘書針規格「NO.11」之意。為了實現單手能釘40張紙的目標，於是Vaimo11開發出這款專用的新規格釘書針。

日本國內販售的釘書機，幾乎都是吃NO.10這種小型釘書針，或是NO.3的大型釘書針。10號足以應付大部分的文件，但遇到比較厚一點的資料，還是有可能面臨10號無法解決的窘境。

包括前面介紹過的SAKURI FLAT在內，日本國內手握式的小型釘書機，幾乎全都是使用10號針，裝訂能力以影印紙而言，上限約為20張紙。即使最強悍的MAX出品的「HD-10DFL」，也只可裝訂26張。紙張再多，就得改用大型的桌上式釘書機。

要是10號針可以釘更多紙，應該會更加方便吧。10號針的針腳長度為4.5mm（針的高度要扣掉針本身的粗細與圓角部分），26張影印紙疊起來厚約2.6mm。針貫穿紙張後，還需要彎曲針腳，使紙固定，這個彎曲的圓弧部分約1mm，固定住紙的部分則需要大約1mm。所以如果增加紙的張數，就會超過10號針

為Vaimo11開發的專用新規格釘書針「11號」（NO.11）。

圖正中央是11號針。左為3號針，右為10號針。

可負荷的範圍（根據日本工業標準JIS的規定，合格的10號針必須滿足「可釘住20張影印紙」的條件）。

那麼，用更大的3號針不就得了嗎？或許您會這麼認為，但那麼做也會有問題。

3號針長度約5.5mm，確實比10號針長，可以釘住最多大約30張紙。但與10號針相比，由於3號針本身比較粗（針的剖面是長方形，10號針的剖面積為0.3×0.5mm，相對地3號針為0.5×0.7mm，3號針是10號的2倍以上），貫穿紙時也會遭遇更大的阻力。因此3號針用的釘書機本體必須變大，在日本幾乎都是歸類於桌上型（也有手握式的3號針釘書機，不過需要強大的握力才能使用）。另外，針貫穿後要彎曲時，針本身越粗，折彎處也會越大，這麼一來就會耗費比10號針更多的長度。由此可見，這並不單純只是針腳越長就能釘住越多張紙的邏輯。

釘書針的尺寸從1號針開始，中間經過怎樣的變化，現在已不可考，但是可知是由於國外進口新規格的產品，才逐漸增加型號。10號針是在二次大戰之後輸入日本國內，算是相對上較新的規格，JIS則是於1965年登錄10號針。至於3號針早在1920年就輸入了。以當年的技術、材料等條件而言，這種規格應該算是非常適宜的。然而，隨著釘

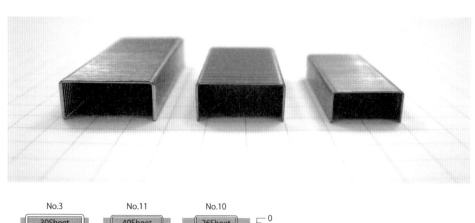

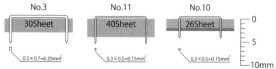

No.3	No.11	No.10
30Sheet	40Sheet	26Sheet
0.5×0.7=0.35mm²	0.3×0.5=0.15mm²	0.3×0.5=0.15mm²

11號針（圖中央）的粗細雖與10號針（右方）相同，但寬度卻比10號針長約2mm，針腳也長了1mm。

書機本體的持續進化，為了追求性能的極限，這種舊有的釘書針規格感覺不太夠用，所以如今才會為了突破限制，開發出更新型號的釘書針問世。

MAX恐怕已認定，拘泥於舊有規格的針將無法再提升釘書機的性能，所以才冒了相當大的風險，將釘書針與釘書機兩者一起重新設計過，誕生出全新的產品，這就是Vaimo11與11號針。

那麼，這種11號針的詳細規格如何？

從2張到40張紙都能輕鬆釘好的「11號針」秘密

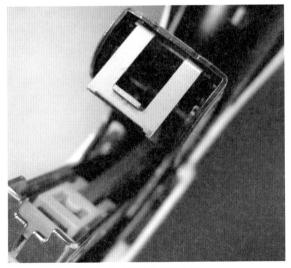

Vaimo11的釘針板左右都有如犬齒般的突起。

想要從2張到40張紙都能輕鬆釘好，11號針必須具備哪些性能。

首先，從幾何學上來說，最低限度的條件，要貫穿40張紙，又要彎曲固定，針腳就必然要有足夠的長度。40張紙的厚度，以影印紙而言略大於4mm。固定抱住紙的部分至少要1mm，針腳彎曲的圓弧部分也要列入考慮，這麼一來最少就需要4＋1＋圓弧＝將近6mm。第二點則是針的寬度，釘少量的紙時，為了讓兩根針腳不至於打架，寬度大約是針腳的2倍。再考慮到針本身的粗細與彎曲用的圓弧，最少應該要有大約（6－圓弧）×2＝10mm。

針用的鐵絲越粗越堅固，但同時貫穿紙時也會遭遇越大的阻力。11號針所使用的鐵絲跟10號針一樣，都是偏細的0.3×0.5mm。關於強度與阻力之間的平衡點，是經過試誤法才能得出的結論，就結果而言，理論上越細的針貫穿力越強，遭遇的阻力也越小，能輕鬆就將一大疊厚厚的紙裝訂起來。

滿足上述所有條件，MAX得到的答案就是與10號針類似粗細但稍微變寬、針腳變長的新規格——11號針。

要以業界先驅的姿態推出新

規格，就各種層面而言都是一大挑戰，不過這與45頁介紹的「10B鉛筆」不同，釘書機的情況因為還有消耗品供應的問題，風險較大。不過即便如此，MAX還是毅然決然做出這樣的決定，這種堅定的毅力不只呈現在釘書針，從釘書機本體上也能略窺一二。

了不起的本體！

上面介紹的都是「Vaimo11」所使用的釘書針，接著讓我們關注一下釘書機本體。是否只要把SAKURI FLAT放針的部分稍微變大就可以？當然，並不是那麼簡單。這款新產品的本體也經過了大幅改良。要一次釘40張紙，說起來容易做起來卻非常困難，這點我們從本體的構造便可以發現。

【要點1】
只與釘書針雙肩部分接觸的釘針板

就結果而言，要讓釘書機的性能達到極致，正確射出針可以說是唯一的解答。在這樣的要求下，設計首先要追求的，就是如何讓力量正確而筆直地傳達到針上。一旦力量出現偏移，針就有可能軟掉、無

法順利貫穿紙。尤其使用的11號針粗細與10號針一樣，但需要貫穿的紙張數卻變成2倍。對釘書機本體的動作精確性，自然會有更高一級的要求。

請看下方的照片。Vaimo11的釘針板，左右兩側具有犬齒般的突起。在這塊釘針板平坦的部分，幾乎不會和針接觸，完全是以兩側突起的2點去推動針。

就力學的觀點，把針朝紙張推的時候，並不需要施力在針的水平部分，重點是施力在垂直的針腳。

釘針板的左右突起，剛好可以卡住針的折角處。

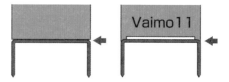

普通的釘書機（左）釘針板（藍色）會與針（紅色）完全貼合，施力點並不集中，但Vaimo11（右）只會接觸針的雙肩，力量可以全都集中在兩側的針腳上方。

不過話雖如此，普通釘書機的釘針板由於會被針的彎曲處頂起，與針之間產生一點點空隙，因此實際上釘針板的施力點，並沒有集中於針腳正上方。當然，這對要筆直釘下針是很不利的。

那麼Vaimo11的如何？它的釘針板左右兩側都有突起，放大來看，這種突起會剛好卡住針的折角。Vaimo11的釘針板只會碰觸針的雙肩，這種構造可以讓推針的力量全都集中在針腳正上方（135圖）。

【要點2】
兩旁具有金屬板的推針裝置

要精準地推出針，必須先讓針在固定的正確位置待命。Vaimo11為了辦到這一點，下了許多功夫。在製作精細的供針裝置內部，不只是在針的外側，就連針的內側也有另一道牆壁夾住。把針放進去蓋上蓋子，後頭的黃色推針裝置就會朝供針裝置前方的壁面推出去。其他一般釘書機的推針裝置大都只是四角形的塑膠塊，但仔細看Vaimo11，它的推針裝置的兩旁還有金屬板，這是做什麼用的？

推動針前進時最重要的部分，就在於朝正下方釘下的針腳。為了

讓這部分可貼緊壁面，與其壓著整根針的平面，還不如針對左右針腳的部分集中力量，如此才能讓針保持在正確的位置上。此外，這兩塊金屬板設計成各自獨立且可稍微活動，這是為了防止推針裝置推出時方向偏移，更能牢牢壓緊兩邊的針腳。無論從什麼角度看，這部分的設計目的都是要讓施力集中在正確的位置。

【要點3】
雙層的推動彈簧

要讓推針裝置正確又強力地前

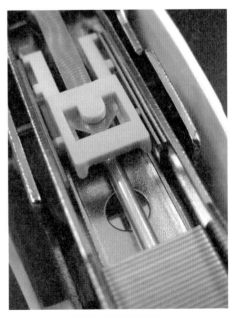

Vaimo11的推針裝置兩端有金屬板。

進，作為動力的彈簧也要夠力。但要一次填裝兩組針（50根×2＝100根），則希望彈簧能盡量伸長，想同時滿足這兩種性能並不容易。在這個產品中，推針裝置所使用的彈簧其實是兩組，彈簧裡頭還包含另一組彈簧。以這種雙層的彈簧驅動，才能同時裝入大量的針，又能猛力地將針向前壓。

【要點4】
從上方壓下針的蓋狀構造

把針裝入供針裝置並蓋上蓋子後，當推針裝置從後方往前推的同時，上方還會有另一組零件以包覆的方式往下壓住針。有了這種設計，針的上下左右便全都被包覆，可以完美地待在預定的位置待命。

【要點5】
為了不讓釘針板從圓周軌道逃脫而以彈簧限制運動

在理想的狀態下，釘針板應該是從正上方往下進行直線運動，不過實際上，釘針板卻是以支點為中心，進行圓周軌道運動。通常釘針

為了推動推針裝置，彈簧裡頭還包著另一組彈簧。

上方的零件以包覆的方式向下壓住針。

Vaimo11的緊鉗小凹陷形狀設計為2段式。無論針是偏內側或垂直朝下，都能以正確的角度敲擊針。

板碰觸收納針的供針裝置外壁時，板的彈力會往正下方發動，將針壓下去。

彈力的方向一般是大致往下，但為了正確地朝正下前進，Vaimo11多加一組強力彈簧，讓釘針板能更準確地碰觸供針裝置外壁。這種設計使釘針板處於供針裝置外壁與壁面彈簧的包夾，因此會強制往正下方移動。

【要點6】
2段式的角狀緊鉗（承受釘書針撞擊的金屬零件）

Vaimo11是針腳平貼式，承受針的部分會敲擊已貫穿紙張的針，讓針彎曲。這種時候碰觸針的微小角度變化會變得很重要，但至於要用哪種角度，其實並沒有規定。

與推針的時候相同，釘書機的上顎部分會以圓周狀軌道向下移動，根據要釘的紙張厚度，相對於紙的角度也會不同。當紙張數較多時，為了要取得最大的貫穿力，就會儘量對紙面垂直射出針，然而當紙張張數較少時，便會改以稍微偏內側的角度斜釘下針。這時，貫穿紙面的針會略微朝內側靠近，被緊鉗敲擊的位置也會變得比較內側。

為此，Vaimo11將緊鉗上的小凹陷設計為2段式，無論針偏內側或垂直朝下，緊鉗都能以正確的角度敲擊針。

就像這樣，用盡各種設計手段，為了讓針能筆直地釘下，並以最精準的正面讓緊鉗敲擊。Vaimo11的構造已到了徹底不容任何誤差的程度。

【要點7】
上蓋加裝可動式的安全蓋

這款Vaimo11不僅僅威力強大，

在上顎與上蓋間的縫隙，有一塊遮陽板般的半透明蓋子。

同時也兼顧安全方面的考量。舉例來說，釘書機上顎與上蓋間的空隙，這部分的槓桿機構為了使力量加倍，一定要留得較寬。為了避免手指或紙張誤伸入這個部分，在上蓋下方加入像是遮陽板的半透明蓋子。這塊安全蓋是可動的，要釘書時就會自己縮進去。有了它，釘書機的使用就變得更為安全，外觀設計散發著讓人安心的氣氛。

【要點8】靜音緩衝器

更進一步地，這款產品還追加了抑制噪音與衝擊的裝置。針腳平貼式釘書機在針貫穿紙後才會敲擊緊鉗，所以結構比普通釘書機更容易發出噪音與震動。為了吸收掉這些噪音與震動，在緊鉗與緊鉗周圍的零件下方嵌入了兩處的軟質素材。

這些零件跟釘書的目的完全無關，其實大可以不必增加。況且，這款產品本來就沒有競爭對手。然而關於這部分的改善，官方網站與產品目錄完全沒提，或許根本沒有人會特別留意。然而就連這種小細節都不放過，足可證明這款產品的超高完成度。

不用說，在SAKURI FLAT中介

紹過的力量加倍槓桿機構，以及堅固的骨架設計等，Vaimo11全都有完整繼承，就是因為有了那些先進技術的集合，即使是手握式，也能讓女性使用者輕鬆釘下「2倍」的40張紙，產生了一把夢幻的驚人釘書機。老實說，其他釘書機跟這款相比，根本可以說是不屬於同一個次元的工業產品，我這麼說並不過份。

不過還是有一點令人不安之處，我必須指出，那就是無論規格好壞，作為消耗品的11號針的普及性，實在是最大隱憂。10號針到處

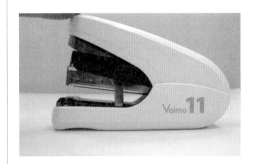

安全蓋是可動式的，要釘書時就會縮進去。

都有，就算是在便利商店或百元商店也能買到，但11號針才要開始鋪貨。我猜幾乎沒有人會去注意店內販售的釘書針型號差異吧。

為了方便確認針號是否能給Vaimo11使用，在釘書機本體底部設計有與真實11號針一樣大的凹陷。只要把手上的針抵上去，就可以確認是否為可用的11號針。

越仔細觀察，我就越覺得這種新型釘書機的偉大之處，令我深深著迷，但假使這種產品沒有普及化，好不容易設計出的規格就很難流傳下去。這種規格是以釘書機的高性能及高精度為前提而制定的，其他公司恐怕很難加入生產的行列（性能較差的釘書機，就算用了11號針，效果也不會比10號針好，還不如繼續使用10號針）。

我很期待這種挑戰新領域的大膽嘗試，能逐漸變成生活中的普及文具。許多店面的展示區都有展示品可以試用，有機會希望您一定要去試試看。那種一次釘下40張紙的感覺，保證大家都會驚訝。

（2009年4月23日、30日發表）

本體底面有個與11號針一樣大的凹陷。把針對準比較，就可確認尺寸是否正確。

（上）（右上）緊鉗與緊鉗周圍的零件下方嵌入了2處軟質素材。

26

雙孔打洞機「120年以來首度構造革新」，選它絕不會錯！

雙孔打洞機的外觀很樸素，或許很多人的家裡都用不到這種文具，但在辦公室需要以資料歸檔，算是相當普及的事務機器之一。幾十年前就已經為眾人所熟悉的打洞機，在生產廠商CARL事務器的網站上，卻大膽地用「120年以來的首度構造革新」作為本產品的宣傳標語。

在ALISYS之前，一般打動機穿孔（打洞）的上限在20～40張紙左右，各種一般雙孔打洞機無論是外觀或能力，都沒有決定性的差異，因此我也找不到非推薦不可的產品。不過這次要介紹的ALISYS不同，針對雙孔打洞機，這項逸品可是我第一次拍胸脯保證「選這個就絕不會錯！」。

ALISYS這台雙孔打洞機的設計只保留現有產品的基本構造，其他零件全都經過重新設計。選擇打洞機的重要考量因素究竟是什麼，就讓我們依序說明吧。

剛性足以媲美高級國產車的結構

首先最重要的，就是打洞機的

ALISYS。款式分別為：LP-16（售價日幣682元，打洞上限16張）、LP-20（1050元，打洞上限20張）、LP-35（1575元，打洞上限35張）3款，顏色各有3種。

剛性與精準度。

　　打洞機超乎人們想像，是既堅固而又細緻的產品。大部分的打洞機外觀都是有稜有角，畢竟以物理原理而言，這是要施加極大力道的工具。想要利用圓筒狀的刀刃按在紙上，將紙迅速貫穿，機器細部所必須負荷的壓力想必非常驚人。

　　131頁介紹過貫穿力優異的釘書機Vaimo11，它的釘書針剖面積為了要避免阻力而做得較細，相對而言，打洞機的打洞頭前端直徑有6mm，以面積而言是Vaimo11釘書針的188倍，但打洞機所要求的精密度卻一點也不輸給釘書機。刀刃與孔穴之間的空隙只能通過一張紙，不，或許比一張紙還少。如果空隙太大，紙就可能裁切不完整。在這種狀態下，不但必須承受比釘書機更大的力道，還得讓圓筒狀的刀刃自孔洞正上方精確切下。

　　假使稍微晃動就無法在紙上打出美觀的洞，更甚者，刀刃還可能鬆脫或受損，這樣就慘了。因此，幾乎所有打洞機的骨架都是堅固的金屬製。關於這點，ALISYS自然也不例外。

　　事實上，ALISYS更加特殊（接下來還會再加以詳述），是採用特殊連結構造，故承受力道最大的部分厚達1.6mm，遠遠凌駕於Vaimo11的鐵板。這種厚度已足可媲美高級國產車的結構。

以「V」形凹陷，減低刀刃阻力

　　接下來介紹打洞手感俐落的刀刃。在非常銳利的圓筒狀刀刃前端，呈「V」形凹陷。這是為了讓紙碰觸刀刃時，所產生的壓力可以迅速分散到整個邊緣。一開始紙會先碰觸刀刃前端的2個點，接著緩緩沿著圓周方向切開，最後切完又回到2個點。

　　對於打洞張數上限較少的打

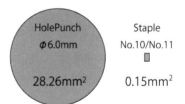

打洞刀刃前端直徑6mm，剖面積為Vaimo11釘書針的188倍。

骨架部分為堅固的金屬製，在最需要承受力道處，使用的是厚實的鐵板。

洞機，打洞頭前端的凹陷的角度較為平緩。但ALISYS有16張用、20張用，以及35張用3種，想要一口氣貫穿35張紙，等於是要一次打通3.15mm的厚度（影印紙每張厚度約0.09mm）。

在這種情況下，打洞頭凹陷的高低差會是3.5mm，如此一來，當最後的點接觸位於最後頭的紙時，第一張紙早就被貫穿了。這種減低刀刃阻力的技術是繼承於同公司的舊有產品，不過新產品的刀刃前端卻更銳利。或許有許多人以為打洞機是勉強把紙壓出一個洞的機器，但事實上，它的打洞方式更接近於「穿過、推走」（因此，想讓紙專用的打洞機更耐用，基本上就不可以使用在紙以外的東西。如果將塑膠材質的物品放進去，很可能會造成刀刃受損）。

只需要一半的力道就足夠
「雙重槓桿」的原理？

接下來討論的是關於打洞所需的力量。在此產品中，使用的是與SAKURI FLAT及Vaimo11不同形式的雙重槓桿，讓穿洞所需的力道減半。SAKURI FLAT及Vaimo11的設計，是讓施力點與抗力點幾乎位在相同的位置，先將力量變為8倍再轉為4分之1，感覺起來有點複雜（詳情請見122頁），而打洞機本來就是利用槓桿原理驅動的產品，槓桿的效果會更明顯。

在此就以ALISYS打洞能力上限為35張的機種來進行解說。

ALISYS的第1段槓桿，從支點到施力點與抗力點的距離比為97mm／17mm，約為放大5.7倍的力量，這個部分跟普通的打洞機是一致的。

以「穿過、推走」的方式，在層層疊疊的紙上打洞。

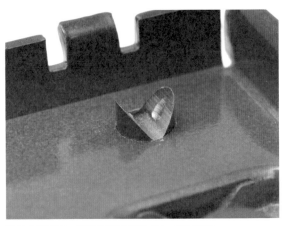

刀刃非常銳利，圓筒狀的尖端呈「V」字形凹陷。

接著這股力道會被另一段槓桿再度處理，以30mm／17mm（由於支點會滑動，實際的槓桿比也會改變）約1.8倍的比率放大，合計兩段所產生推動刀刃的力量，變為原來的大約10倍。有了這雙重槓桿的通力合作，才能誕生出這台打洞機輕盈省力的使用手感。

尤其在穿過很厚的文件時，更能享受到ALISYS輕巧手感的美妙，刀刃的形狀與會滑動的特殊連結構造，當然也助了一臂之力。畢竟，從開始打洞到最後穿孔完畢的感

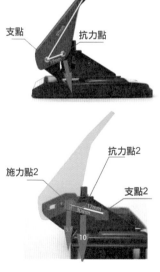

ALISYS為雙重槓桿構造，特殊設計讓打洞所需要的力道減半。

受，並不是完全一致的。有了這種設計，才能帶給使用者瞬間貫穿的驚喜，以及那種好想多試幾次、韻律十足的獨特手感。

第2段的槓桿原本就安排在內部的死角部分，平常是看不見的，但其實它是以跟第1段槓桿相對的方向藏在裡頭。在這種設計下，與普通打洞機相比，它第1段的槓桿支點可以伸得比刀刃還前面，幾乎已經深深插進紙裡了。

將握把放下、鎖住本體「一片平坦」

前面介紹的都是與打洞相關的基礎性能，當然，身為打洞機本來就該具備這些要素。但我之所以會

第2段的槓桿位於內部的死角部分。

愛上ALISYS，並不僅是這些基本功能。我一直認為，打洞機的實用性不是只憑打洞能力來決定，除此之外特別重要的至少有2點。

其一是握把鎖定裝置。ALISYS只要把握把放下並按下鎖定鈕，就可以將握把鎖定為上方與底面平行，外形變成一片平坦。鎖定裝置是以和緩的彈簧控制，解除鎖定只需要輕輕壓下握把即可。

正如文章開頭所述，打洞機之所以會體積巨大又有稜有角，是因為結構必須承受龐大力量。在桌上型文具之中，打洞機體積大，非常礙事，讓人不知道該放哪裡才好。

無論是多麼經常幫資料打洞的人，實際拿來穿孔的時間，不可能佔據1天時間裡太大的比例。所以打洞機絕大部分時間還是處於待命狀態。這種礙手礙腳的文具，在不需要使用的時候究竟如何收納，會大大影響這項產品的便利性。

在升起握把的狀態下，打洞機會佔據一整個立方體的空間，而且因為朝上傾斜，無論怎麼收納都不對勁，但只要能將握把放下鎖定，使用的空間就只有原來的三分之一，可以豎起來收進辦公桌抽屜。這麼一來，想用的時候就可以迅速取出。

拉起握把的狀態。這種狀態不容易收納。

放下握把，形成上方與底面平行的鎖定狀態，只要輕輕壓下握把就可恢復原狀。

握把放下後可以豎立收納放入辦公桌中央的抽屜（照片中央的紅色金屬機器就是ALISYS）。

有了這一台，就不必經常跑總務或辦公室備品倉庫。平常只要需要打洞的資料，靠這一台就夠了。當有文件需要打洞時，不需從座位起身便能立刻作業。所以，打洞機有沒有這種收納鎖定裝置，其實就是決定打洞機成為私有物或公物的分水嶺。

其他辦公文具其實也是一樣的道理，體積越大的工具，「不用的時候是否佔空間」這一點，將會成為人們使用頻率的決定性關鍵。

量尺與底座的高度相同，使文件可以水平地躺在量尺上。

實際使用上很重要的「用紙量尺」帶來不同凡響的安心感

再來要介紹ALISYS附屬的用紙量尺。少了這個量尺，就必須以摺紙的方式用紙折痕當標記，才能將紙的中心對準打洞機的三角形標誌。

由於辦公室會用到的文件，不是A4就是A3，打洞時會在A4的長邊或A3的短邊，兩者的邊一樣長。因此在絕大部分的情況下，打洞機的量尺只需要一種規格即可。

因此，打洞機的用紙量尺，其實是每回打洞都會用到的重要功能，但許多簡易型的打洞機卻忽略了這項功能。大多機型會在底面部的蓋子加一塊L形的細長量尺，拉出來時上頭雖約略有標示，但不知道紙張要停在何處，這讓使用者感到不安。

將量尺拉出時（左），白線會在本體正面標示紙張尺寸的標示上移動（右）。到了固定規格的位置，會喀嘰一聲自動卡住。紙張尺寸與放置方向的打洞位置，藉此可一目了然。

舊產品的量尺標示高深莫測，一般人很難看得懂。

ALISYS的量尺就讓人安心多了。除了在固定規格的位置會喀嘰一聲自動卡住，還有一條白線會在本體正面標示紙張大小的圖表上移動。何種尺寸與放置方向的紙會在何處打出洞，藉由這個量尺便可一目了然。即使碰到A4E或A4S這種一般人根本不認識的規格，有了量尺表的協助，就能馬上理解（附帶一提，E代表「在End打洞→在短邊打洞」，S則代表「在Side打洞→在長邊打洞」）。

另外更重要的是，這條用紙量尺與底座的高度完全一致（僅限LP-20／35機種）。如果是一般打洞機，把量尺從底座附近拉出，讓紙張躺在量尺上時，紙張中央就會凹陷下去。然而ALISYS的量尺卻能與打洞的面齊高，使文件可水平地躺在量尺上。或許打洞作業本身不必計算得非常精準，但文件放在量尺上時能夠保持水平，感覺上還是比較方便。

量尺「邊緣」也有真功夫！

量尺的邊緣也經過仔細設計。當遇到比A4更大的紙，或超出標準規格的文件，無法以量尺測量時，量尺本身有時反而會妨礙打洞。遇到這種情況，只要喀嘰按下量尺邊緣的高低差部分，就能完全解除這段高度，使量尺完全攤平（僅限LP-20／35機種）。在這種狀態下，量尺可有可無。這一點也非常重要，因為就其他打洞機來說，在要用時量尺雖然好用，但不想用時反而會變得很礙事。

還有一點令人驚訝。拉出這條量尺時，我發現即使量尺使底座移動，但依然能保持平坦，不會有空隙。就一般的想法，既然量尺可以拉出來，原本量尺所在的位置就會出現空洞，但ALISYS卻依舊能保持平坦。這條量尺比我想像中更長，拉長後會變成履帶狀，尾端是以反折的方式收納在底座下方。拉動量尺時，反折在下方的履帶部分就能發揮功用。

以打洞功能而言，只要具有底座，即使紙出現些許凹陷，並不會對作業本身造成太大的麻煩。不過，有了這項設計，無論是好用程度或外觀上都更加進步。連這種小細節都顧慮周全，令我不禁想要立正致敬。

每一個細節，都充滿了「革新」

這款產品的優點還不僅如此。

喀嘰按下ALISYS量尺邊緣的高低差部分，就可消除高低差，變成完全平坦的狀態（左）。當遇到比A4更大的紙或超出標準規格的文件，不想用量尺，也不會造成困擾（右）。

量尺的拉動，是以這種履帶狀的零件運作。因此，就算量尺移動，打洞機底座依然能保持平坦。

ALISYS的紙屑盒固定於底座，只有約3分之1的部分可以打開（左）。其他大部分打洞機都是如右圖，使用兼具止滑功能的軟質底板裝紙屑，一拉就很容易脫落。

　　就連底座收紙屑的盒子，也經過精心思考。大部分打洞機的底座材質，都是兼具止滑功能的軟質底板，往往一拉就很容易整片脫落，有時候不小心掉下來，紙屑會散落一地。

　　而ALISYS的底板是固定的，只有約3分之1的部位可以打開。打開的部位設計了一個卡榫，可以讓手指抵住，就算長指甲的人也能輕易打開。由於這種設計需要以拇指抵住卡榫來打開蓋子，因此開口必須朝上，不必擔心紙屑掉落的問題。感覺很像日式泡麵的乾麵容器所用的改良式倒湯口，讓人覺得非常貼心。

　　細節都已經做到這種地步，它的外表還特別設計成與汽車產生聯想，以罕見的透明烤漆方式塗裝（外觀之美，會讓人不由得想購買這款產品），真是太超過了。集如此多優點於一身，ALISYS打洞機，正如製造廠商的宣傳，毫無疑問是與舊有打洞機截然不同的革新產品。

（2010年4月9日發表）

27 「現役最強」的復古！新時代更要推薦的資料夾

裝訂 MP資料夾（KOKUYO S&T）

在此要介紹A4尺寸、30孔的資料夾，也就是一般俗稱的活頁資料夾。它的命名風格非常樸實，設計也給人一種懷舊的感覺。乍看下是非常舊式傳統的文具，但賣點可不是放在追求復古上。

這款資料夾MP（KOKUYO製造）儘管經過幾次小幅改版，不過自從數十年前起可以說就是這個模樣了（從我小時候有記憶起，老家的公司就在用這款文具，已有超過30年的歷史）。這麼說來，或許它不能列入「現代文具」的行列，不過我之所以要刻意抓出來介紹，代表即便歷經數十年的歷史，它依舊具有「現役最強」的地位。作為終極的資料夾產品，我有自信可向大家推薦這款逸品。

這款資料夾的封面是以其他資料夾1.5倍厚度的板子裏上布組成，邊緣具有鋼製滾邊補強，堅固到讓人覺得有點誇張的程度。與其說這是給個人使用的，不如更像是政府機關拿來放置給大眾閱覽的資料，或是企業的帳簿與參考資料等等，因此價格也毫不客氣，將近是一般辦公室用活頁紙資料夾的3倍。

當然，耐用性與實用程度也

資料夾MP系列「HA-123」售價日幣2940元。

不是其他隨隨便便的產品所能比擬的。

「一旦抓住就不會放開」
豪邁粗獷的活頁環

封面以堅韌的布包裹板子，邊緣有鋼製滾邊補強。

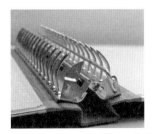

打開封面後，可以看到毫不掩飾機械本色的粗獷活頁環。將活頁環裝置頂端的手柄按下便可解鎖。

一般的活頁環資料夾是讓左右兩邊的半環在中間會合。

乍看之下，我們的注意力很容易被堅固的封面與懷舊的設計風格吸引，但這款資料夾的真正價值其實是在裡面的「活頁環裝置」。

打開封面後，毫不掩飾機械本色的粗獷活頁環便映入眼簾。將活頁環裝置頂端的手柄按下便可解鎖。相較之下，一般的活頁環資料夾都是讓左右兩邊的半環在中央會合，MP系列的金屬活頁環卻是左右交錯排列，壓緊時會直接與另一邊的底部接近。

看起來就像是捕蠅草，或是電影終極戰士裡的外星生物，這種機械裝置設計，就給人一種「一旦抓住了絕對不會放開」的印象。在實際使用中，想要穩固地保存大量活頁資料，這種構造可以帶來許多好處。

①充分的換頁自由

一般活頁環資料夾，能收納的資料張數在規格上都是200張，實際上卻不一定真的有200張。如果真要仔細追究，恐怕結果並不樂觀。

我們要在活頁簿裡增加頁面時，通常都是會在最後（或是最前）插入。然而，受到活頁環構造的限制，從中央打開時，分成左右

兩個半環的部分，只能放入最大容量一半再多一點的紙。也就是說，假設資料夾內已經有100張的文件，想要再把一張添加到最後面時，就得先將原來一半左右的頁面從半環中取出，才能把想加的文件放入，最後再全部重新插回原來的頁面，才算完成。資料夾裡收納的頁數有限，想要追加頁面結果卻造成負擔。

然而相對地，資料夾MP打開時，左右的金屬環長度與緊閉時沒兩樣，可以任意選擇要把資料全部放到右邊或左邊。這麼一來，想要在最後加上一頁，就簡單多了。

②內容物不易脫落

把裝有大量文件的資料夾，

MP在打開的狀態下，左右金屬環長度與關閉時無異，所以就算將內頁全部靠右或左，依然能夠正常開關。

背朝上放入文件櫃抽屜後，在重新取出時，應該大家都碰過裡面的紙脫落的經驗。儘管為了防止內頁脫落，活頁環資料夾都會加上非常堅固的鎖環裝置，然而以這類產品的最大收納容量來說，一旦滿載了200張紙，資料夾的重量就會變得非常驚人（一般影印紙64g／1m2，200張重約800g）。而重量最集中之處，就是左右兩個半環的連接點，因此以背朝上的方式放置資料夾，可說是非常危險。放回或拿取資料夾時可能出現的輕微撞擊，都可能讓活頁環承受不了壓力，因而使資料散落一地，如此的麻煩事您應該曾遇過。

相對地，這款MP資料夾就堅韌多了。金屬活頁環互相抵住的部分，並不是兩個半環的中央，而是延伸到對側的底部，這麼一來，紙張的重量就無法朝金屬環打開的

大多數市售資料夾金屬環的接點是在正中央，打開後左右兩側的活頁環容量只剩原來的一半。

方向推動，加上活頁環是以左右交錯的方式排列，無論裡面的紙有多重，活頁環都不會擅自打開。如此抵抗內容紙頁脫落的能力，其他資料夾根本沒得比。

③可平行收納資料

一般的普通活頁環資料夾，金屬環的形狀都是位於書背「匚」字形內側的圓形（直徑比資料夾厚度略小）。這種資料夾在塞滿紙頁時，靠中央部分的紙頁會被金屬環垂直貫通，呈垂直狀態，但越接近兩側的紙頁，紙和金屬環之間的角度就越小，只能勉強擠進去，而到了邊緣附近，紙就會變成彎曲的狀態（下方左圖）。

MP資料夾的活頁環，情況如何呢？由於它的金屬環直徑比資料夾背寬還大，呈圓弧狀（直徑約為資料夾厚度的2倍）。紙在金屬環內呈現的角度幾乎維持直角，所以可以完全平行收納，這樣除了不傷紙，紙與紙之間的位置也不會參差不齊（下方右圖）。

④半開狀態也能固定

一般圓形活頁環資料夾在閱讀時可以將封面攤平打開呈180度，而MP由於採取金屬環從兩側交錯方式的設計，想要照樣打開放在桌上閱讀比較困難。為了解決這個難題，它利用交錯的金屬環做了巧妙的設計。控制MP活頁環裝置的解鎖手柄像一個「爪」，可以打開，使資料夾呈現半開位置（151頁左圖）。這根金屬手柄在半開狀態下，也能讓內頁資料至少套在左右其中一側的活頁環上，防止資料脫落，這麼一來就可以將資料夾以180度打開閱讀。

普通的活頁環資料夾裝滿了資料時，位於中央部位的紙，可以保持垂直的狀態，然而越往邊緣，紙與金屬環之間的角度就越小，因此位在封面的紙就會變成彎曲的狀態。

MP資料夾中的紙從頭到尾幾乎都保持平行。

⑤金屬環的強度極高

一般資料夾活頁環的剖面，是呈扁平的橢圓形，相對地，MP的剖面卻是圓形。雖說材質不同，不能單憑形狀來比較，但圓形的剖面形狀，確實對向外拉扯的力道有更強的抵抗力。

先前提過，由於越靠近邊緣，紙張進入活頁裝置的角度就越小，如果使用的是直徑較大的金屬環，紙就會越難插入邊緣。由於MP資料夾的活頁環彎曲程度小，因此就算要在邊緣插紙也很容易，這種圓形剖面的設計的確有其作用。

總之，單純以收納紙張，在不傷害資料的前提下妥善保存，提供重複閱覽的耐用性等資料夾的原始功能來看，這款優異的產品在所有資料夾中鶴立雞群。使用者對它的信賴程度，傲人的耐用性，還有使用的便利性，造就了即便經過數十年，公家機關與企業依然持續採用的成果。

對我們這種個人使用者而言，或許不需要那麼高超的品質，不過如果是想用在手帳或帳簿等每天工作都需要參考的資料，您一定要認識這款逸品。

【番外篇】

想要以這款資料夾收納普通文件，可以搭配CARL事務器出品的30孔打洞機「GLISSER PUNCH」，讓運用範圍大大提昇！只要將紙插入打洞機，30個洞一下子就打穿了。有了這個機器的幫忙，無論是影印紙或列表紙，或是從其他地方裁切下的資料等等，都能變成活頁紙。

（2010年3月19日發表）

以半開的狀態固定時，能夠180度攤平閱讀。

MP的剖面是圓形的，對向外拉扯的力道具有較強的抵抗力。

真是難以置信！滿載功能的「日期印章」

印記 DATERNAME EX（Shachihata）

這回要介紹的「日期印章」，是由Shachihata所出品的「DATERNAME EX」。

「DATERNAME」是Shachihata公司日期印章的系列產品名稱。DATER並不是代表資料的「data」，而是加上日期（date）之意，與162頁所介紹的名片匣「Dater」意義相同。至於後面的EX，則是EXTRA（特別款）的意思。

一般的公司員工，大概沒有人不會用到印章，加了日期的印章讓人感覺是管理人員所使用的，地位特別崇高。我手邊也有「Shachihata」的「Xstamper Name9」這款產品，因為經常蓋印日期，所以我便考慮增購一顆附有日期的印章。

在此之前，日期印章都因為體積龐大，放在辦公桌上礙手礙腳，而被大家所屏棄，然而在見識到這款DATERNAME EX的功能之後，它不但可輕鬆收入抽屜，造型也非常雅緻，於是我忍不住就自掏腰包買了。基本上我每天主要是以這款印鑑來蓋章；商務用的文件，畢竟還是要加上日期才方便。

會使用日期印章的人，好像感覺上都是中年商務人士、便利商店店員或是宅配業者等等，這種產品的存在感就是如此低調。不過，實際拿在手上端詳後，我不禁為它的細部構造發出「原來如此！」的驚呼。尤其是這款產品的細膩製作手法，真不愧是冠上了「EX」（特別、超級）的名號，非常了不起。

這款印章本體直徑26mm，高度87mm，外觀光滑，呈圓筒狀，尾端加上略微突起的透明零件，裡面顯

DATERNAME EX有15號（直徑15.5mm）與12號（直徑12.5mm）兩種（各為售價日幣2625元）。

示印面的模樣，大小與口紅膠差不多，只是長度稍短一點，光滑的表面讓人握起來感覺非常舒服。

至於最重要的印面則如154頁圖。日期的部分位於中央的位置。後面我會再說明手動調整日期的方法。

除了日期的數字以外，還有預先刻好「收訖」、「已收」等固定字樣的現成品，或是特別訂製。這回的樣本用的是我的名字。仔細觀察可以發現，名字的部分跟印章上其他成型的日期部分字體不同。我本來以為這是雷射印刷，不過其實是另外1個字1個字刻出來的，因此理論上可以刻出任何文字。訂製時有多種字體可供選擇，如果有特別要求，甚至可以將商標刻出來。

印面油墨並非是印面本身可儲存墨水的連續章，也就是一般的「Shachihata印面」，而是採用普通的橡膠章。由於蓋子的內側置有印泥墊，每當蓋上蓋子，印面就會自動沾上印泥。

在使用之前，必須先校正日期。調整日期時，首先要把蓋子打開，並且將印章中段部分拉開，這時本體內部有稜有角的裝置就會蹦

將印章脖子的部分拉開，喀嚓一聲會露出有稜有角的內部調整構造。旋轉上面的轉盤就可以調整日期。

保護印章貼紙的蓋子（上圖），可以在調整日期時裝在印面上，當成放大鏡使用（下圖）。

出來。此時，印面上的日期部分，會配合數字的調整而略為下降。

雖說只要操作內部結構的轉盤就能調整日期上的數字，但因為日期數字大小只有高3 mm×寬1mm，調整時又會下降，所以不太容易看清楚。怎麼辦呢？

這時上場的就是印章尾端的蓋狀突起零件。原本印章的尾端貼有一張印面的貼紙，讓人可以辨認印章的內容，在貼紙上方是一塊中央透明的蓋子。這塊透明突起的蓋子，平常蓋在尾端保護貼紙，但在調整日期時，可以將蓋子拿起來，蓋裝前端，一邊調整一邊看，中央透明的部分，具有放大鏡的功能，可以在手動調整日期時，讓數字變得更清楚。

這塊透明蓋子放在尾端時，由於與貼紙的距離很近，不容易發現另外具有放大效果。然而在拿下來套在前端時，由於日期數字部分距離較遠，放大效果非常顯著！放大的倍率大約是接近2倍。

我本人雖然還沒有視力上的困擾，不過基本上使用這種印章的人大多是上了年紀的管理階層，平均年齡較高，因此具有放大鏡功能，確實非常貼心。而且放大鏡也不必額外找地方收納，透明零件直接套在印章尾端，如此的思考創意真令人嘆服。

原本看起來只是一根圓筒的日期印章，在調整日期時，由於要解開印章，搖身一變展現出人造衛星般的內部，並且透過具有放大鏡功能的零件，可以檢視印面轉動，這種傲人的精密設計，令我深深佩服。

在DATERNAME EX上，分為「10年」、「年」、「月」、「10

DATERNAME EX設有「10年」、「年」、「月」、「10日」、「日」的5個，可以轉動調整數字，5個轉盤的顏色、形狀都不同。

這是傳統的旋轉式日期章。

日」、「日」這5個帶狀的印面（月的部分為1～12）並列，用來調整這些印帶的轉盤，全都長得不一樣！當然，這種刻意的轉盤設計，是為了讓調整日期時能更輕鬆。

調整日期時，按照常識的規則，「日」的位數每天轉1次，「10日」的位數每10天轉1次。「月」的位數每月轉1次。「年」的位數每年轉1次，「10年」的位數則要10年才會1次。傳統的旋轉日期章大多會把所有位數以整齊劃一的轉盤表示。外觀乍看下好像也比較美觀，況且因為一般的旋轉日期章，體積都很大，操作轉盤不容易遇到問題。

但是在DATERNAME EX日期印章上，由於體積屬於小型，很容易不小心轉到隔壁的轉盤，在操作時必須特別費神。尤其手指比較粗或指頭不靈光的人，簡直就是一件苦差事。為了減輕轉動轉盤的壓力，DATERNAME EX可是在這方面下了許多功夫。

首先就是把最左右兩邊的轉盤移到側面，變成凸出的轉鈕。這麼一來，操作左右兩側的轉盤時，就不會誤觸中間的3個轉盤，轉動時也不必去管其他轉盤。

「日」轉盤是每天都要轉動的，因此放在側面最為突出，而且上面添加握把，雖然尺寸很小，還是用手指可以輕鬆撥動，在設計上與其他轉盤相比，是最好轉動的外型。乍看下會覺得這個日期轉鈕的形狀很怪異，但這是為了在轉好時能夠恢復原狀。

相對於「日」每天都要變動，由於「10年」的轉盤10年才會動1次，因此在設計上與其要讓它好轉，不如設計成難以誤觸，畢竟下次要用到它會是2020年。買這款印章的人，在印章壽命結束或許連一次也用不上。在這種思維下，10年的轉盤設計得最小，很難轉動，故意讓使用者的手不容易操作。同樣的道理，「1年」的轉盤設計，由於不妨礙隔壁「月」轉盤的操作而設計得比較小（156頁圖）。

另外，比較常使用的「10日」與「月」是安排在隔壁，但為了讓兩個轉盤能分別轉動，在橡膠印面上有一個左右分開的空隙。，而且「10日」與「月」兩個轉盤之間也有約1個橡膠印帶左右的間隔。

為了避免干擾問題，轉盤的尺寸各各不同。使用頻率比較低的「月」轉盤卻刻意偏大，這是由於以右手操作「月」轉盤時，為了避

免碰觸到前方的「年」轉盤，因此故意設計得比較大。

以顏色來看，轉盤中使用頻率較高的「日」、「10日」、「月」都是採較醒目的灰色，「年」跟「10年」轉盤比較少用，因此是跟印章本體一樣的黑色。這些針對轉盤形狀與顏色在設計上的的微小差異，都是為了避免每天操作時會帶來失誤與壓力，而費了一番功夫規劃的。

印泥墊為Shachihata式

印泥的設計如前所述，並不採取連續章的方式，而是蓋內藏有印泥墊。但這種印泥墊也是屬於Shachihata的特殊設計。

這塊印泥墊並不單純只是一塊海綿，而是屬於平坦的Shachihata印面。與另一款產品「Name9」一樣，補充印泥時並不是從印泥墊的

正上方加入，而是要打開蓋子，從後面補充。印面具有雙重構造。用來打印的面與補充的面，兩者質地明顯不同。補充的面是顆粒比較粗的海綿狀材質，一旦滴入印泥了，就會緩緩地滲透到顆粒比較細緻的印泥墊。

在印泥墊印面的微小多孔材質橡膠墊，製作方法是Shachihata公司所研發的專利技術。一般海綿狀材質中的空洞，是來自於製造所產生化學反應而出現的氣體，也就是氣泡所形成的。不過，想要控制這種氣泡的大小卻不是一件容易的事，因此想要製造出微小又均等的多孔

「10日」與「月」為鄰，但兩間的距離很明顯地有拉開。此外，由於「日」、「10日」、「月」的使用頻率較高，因此採用較醒目的灰色，少用的「年」「10年」則和本體一樣是黑色。

位於左側的「日」轉盤，有個小握把可以讓指頭撥動，刻意設計成容易旋轉的形狀。

右端的「10年」轉盤超級小，不容易轉動，也不容易誤觸。同樣的「1年」的轉盤設計得比旁邊的「月」轉盤小，可以避免誤轉。

材質，是一件很困難的事。

在此登場的神奇解決方案就是由於食鹽（氯化鈉）。在進行橡膠墊成型的步驟時，把食鹽混入原料中。食鹽不會溶解於橡膠材料，熔點高達801℃，在成型的階段，會和橡膠內的異物一起混合，完工後的成型材料，放入熱水中，食鹽就會溶解於水而釋出。等到食鹽全部釋出，再使橡膠乾燥，就可以得到密密麻麻布滿食鹽小洞的橡膠墊了。利用這種方法時，事先需以篩子篩選食鹽顆粒大小，這樣可以決定小孔的尺寸，或是調整食鹽與橡膠的混合比例等，使橡膠墊成品中孔洞的大小和密度呈現不同的變化。

蓋子下方設計有印泥墊，只要蓋上蓋子，就會自動沾上印泥。

聽起來似乎不是什麼了不起的做法，不過在實際使用後可以知道，位於蓋子後方的Shachihata印面性能卓越，因此使得印泥供給量可以隨時保持穩定。平常只要保持蓋上蓋子的狀態，打開蓋子就可以有充足的印泥使用，如果蓋過很多次印泥不夠了，只要把蓋子蓋回去，再從後方將印面往蓋子的方向推即可打開補充孔。這種功能看起來既單純又合理，為了順利操作，裝著印泥墊的零件與蓋子頭部都是可轉動的，裡面加裝彈簧。不過即使有這麼多的機關，從產品的外觀看不見任何多餘的設計，連接縫都做得很仔細，真是了不起的加工技術。

接下來則是關於蓋章操作的設計。

印章本體側面雖然是完美的平坦圓筒狀，卻可以發現有一處緩緩凹陷的地方，那是用來標誌蓋章時的方向。一般市售印章大多會以印刷記號或突起的方式來提醒使用者，但DATERNAME EX的本體就設計有平緩的凹陷，在使用時，食指會自然地貼上去，如此一來印章自然會握在正確的方向，這是極高成熟度的無形設計。

這種構造如果讓熟悉塑膠成型

原理的人來看，勢必會產生疑問。這是因為一般的設計者不會建議做這種外形。如果印章本體外形是這樣，內部的形狀一定也會有影響。像這樣塑膠成型的製品，如下圖所示，如果因為外型而使內部出現弧度，沖模之後就會無法從模子上拔出來，因此不可能做這種設計。

那麼，這款產品究竟怎麼完成？仔細研究內部後可發現，在凹陷的部分，並沒有如外側般同樣出現凹陷，邊緣呈現筆直的狀態，這麼一來，沖模就可順利取出。但這樣一來，在進行塑膠射出成型時，由於同一件產品上有不同的厚度變化，這樣很容易使塑膠表面出現「縮痕」凹陷，因此在處理上必須特別小心。對於生產者來說，這個印章的外型在製作上難度非常高。要讓食指放入所要減少的凹陷區，會造成直徑減少很少，因此為了實

現這種效果，必須花費超乎想像的精力。

不過，當我在實際使用時，我發現這處凹陷應該還要更往前端挪移10～15mm才對！（如果我錯了先說聲抱歉）。以正常的手勢持章蓋下去時，人們食指的位置應該自然落在位於印章更前方的位置。不過，在食指自然落下的位置，內部剛好是調整日期的「脖子」，如果要按照我所希望的設計，食指凹陷處勢必會對內部轉盤構造產生影響，所以，如果真的把凹陷往前挪移，印章後方較厚的部分，表面就會出現嚴重的縮痕。總而言之，想必應該是有許多複雜的原因，才會把凹陷處設計在現在的位置。

不過即便如此，廠商還是寧願製作麻煩的凹陷，而不單純地以印刷或黏上一個突起零件等簡單方法來標誌印章的方向，這種執著的設

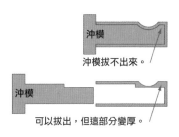

（左、中圖）整個印章具有1處平緩的凹陷，使用者的食指會自然貼上去。（右圖）塑膠成型的物體內部，如果產生弧度，沖模後就會無法從模子上拔下來。因此這項產品的內部設計呈直線狀。

計方式，可以感受設計者的強烈意志。

此外，整顆印章的所有塑膠部分，只有印面底部有一條完全水平線。蓋章時只要依據這條水平線的邊緣接觸紙面，即使不看也可以憑手感自動蓋印。這麼一來，除了自動對準，印章也不會蓋歪。像這樣只要對準紙面，就能隨之向前蓋上印章，使蓋章的動作一氣呵成，雖然「對準再蓋上」分解成2個步驟，但只要對準，就能帶給使用者安心感，無論是印章的設計或者是蓋章的動作思考，都是很了不起的概念。

最後，印章本體側面有1塊不自然的突出處，這應該是為了防止印章滾動的作用，由於印章本身是圓筒狀，外形很容易從桌上滾落地面，所以才會多出那一小塊，破壞了整體外形的完美。

這顆印章設計有留給吊繩穿過的孔（下圖）。這種大小的印章應該不會有人吊在脖子上隨身攜帶，但有保險總比沒有好，所以還是需要的。側面的商標，當然就是Shachihata公司的「虎鯨」了！

把如此多的考量因素全部凝聚在這個產品中，一個看似平凡的圓筒竟然具有這麼多設計細節，真是了不起啊！

「EX」果然不是浪得虛名。

（2010年10月7日發表）

在印面外圈，底部呈水平直線（上圖）。蓋章時以這個水平線邊緣與紙面接觸，憑手感就可自動對準，將印章蓋好。

上方有個穿吊繩的孔。商標是Shachihata公司的「虎鯨」。

給名片「印上日期」？
搖身變為交談溝通道具！

印記　Dater（Medical Support）

乍看會讓人誤以為是「數位相機」，這款產品其實是個名片匣。

啪嚓打開蓋子，左側是放名片的空間，能儲放、攜帶名片，這點跟普通的名片匣一模一樣。當要把名片遞出去時，先在關閉蓋子的狀態下解除名片匣上的滑動鎖，然後用力按下蓋子上的按鈕，最後打開蓋子一看，名片竟然用紅字印上了今天的日期。

由於印字顏色的濃淡是由手指按壓的力道所決定，因此最好以不共戴天之仇的氣勢用力按下去。

這種設計在遞出名片時，會讓對方感覺非常親切，因為對方能憑名片上的日期得知是何時候收到名片的。同樣地，我們在收到別人的名片時，也可以馬上放名片匣印日期，日後要整理資料時，就可以清楚瞭解是何時收到這張名片，非常有幫助。

交換名片後，可以馬上記錄日期

以整理名片的基本技巧而言，登記交換名片的日期已經算是一種老招式。然而，在對方面前直接將日期寫在名片上很失禮，所以許多商務人士會在會面結束後，等對方

能現場印製日期的名片匣「Dater」（售價日幣4095元）。

離開，再偷偷將日期寫上去。幸好有了這款名片匣，當雙方道別後，只要蓋上用力按下去就可以了。這麼做不但不會造成對方的不快，記下日期的動作也會變得既輕鬆又自然。

日期添加在名片上的位置有點尷尬，而且印得斜斜的也很奇怪。不過有趣的是，這種奇怪的印字法卻變成了矚目的焦點。這是因為不要影響到名片本身記載的內容，所以才會刻意印得歪斜。假使設計成以黑色字體印在名片中央，萬一蓋住原本的姓名或地址等資料就麻煩了。當然，無論印在哪裡，都難以避免與名片內容重疊的情形，但這個設計盡量希望能與名片原有的資料區別，讓人能看清楚名片上的原

故意「在尷尬的位置以奇怪的歪斜方向」印字，這麼做是為了避免遮蔽名片原有的內容。

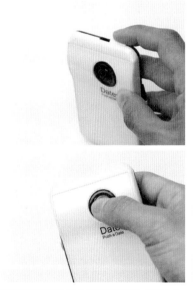

喀擦解除名片匣上方的滑動鎖（左上），然後再用力按下蓋子上的按鈕（左下）。這就是印好日期的名片（右下）。

始資訊。就這個角度來說，這種歪斜的印字位置，其實是經過深思熟慮的設計。

操作簡便，轉動即可調整

要調整印字日期時，只要打開本體內右側的蓋子，裡頭呈同心圓狀排列的印頭就會顯露出來（下圖）。這時可以喀哩喀哩地轉動印頭，讓右斜上方三角形標記所在位置的日期與正確的日期符合即可，感覺起來好像是把旋轉日期印章平面化了。印字用的刻印是以硬質塑膠製成，直接碰到也不會弄髒手或名片，這點令人放心。日期調整好，只要蓋回蓋子，一切就大功告成。接下來只要如前所述，在交換名片後解除滑動鎖，按下蓋上的按鈕，即可印上日期。

印字用的墨，來源竟是舊式的複寫紙，這種復古素材會讓人興起思念的幽情，不過它的確是一種薄又不漏墨，不需要等待晾乾的實用裝置。對於越薄越好，而且絕對避免漏墨的可印字名片匣來說，這的確是合理的選擇。

不過，由於複寫紙的缺點就是轉印時需要用力，而且同一處使用多次後，墨跡就會變淡。由於轉印需要手指頭施力，這款產品為了讓施力點能集中，刻印的字設計得較細，字體也方方正正（即便如此還

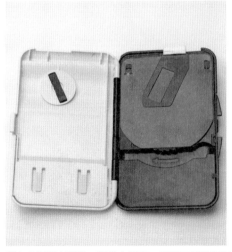

從上方打開本體後，可見右側有一片蓋子可以打開，裡面有呈同心圓排列的印頭（右）。

是要用力按）。

關於同一處使用多次墨跡變淡的問題，Dater的碳式複寫紙邊緣呈鋸齒狀，每當滑動鎖移動時，複寫紙就會隨之轉動，大約每使用47次就會轉1圈。

在蓋子關上時，滑動鎖才會固定在解除狀態，此時碳式複寫紙會露出來。用力按下按鈕時，如果突然打開外蓋，彈簧裝置會自動將複寫紙收回，隱藏在內蓋下方，具有安全設計。

這個產品較為令人遺憾的是名片容量，一般最多只能裝10張名片（厚度約15.8mm），而且日期的調整，也只能在開蓋時進行，如果突然遇到要交換名片的情形，不方便在對方面前設定日期，因此在設計上還有需要改進的地方。此外，由於轉印時壓力最好要保持平均，因此請多放幾張名片。名片較多，印出來的字也較美觀。

這個產品的設計原點，與55頁介紹過的「保存型手帳本」一樣，

呈現同心圓的印頭。

是從收到名片後立即處理的角度出發，因此是要在有限的容量中處理完畢，這才是正確的使用方式。

這項產品無論各項細節的設計都獨特又有趣。我調查了一下，開發廠商Medical Support這間公司，本業其實是「醫療器材的企劃開發，製造與販售」（眼科用消耗品、特殊針、塑膠成型零件、金屬零件、其他）。一般產品的企劃開發、製造，組裝以及販售」。名片匣本體的塗裝品質就像行動電話，這麼說或許有點奇怪，只是我感覺似乎精美得太過分了。而且各部分零件都是特別製造的，完全看不出節約成本的省略，想必這就是該公司的風格。也因為如此，產品售價頗高，畢竟設計者有所堅持，消費者也只好摸摸鼻子接受了（笑）。

另外，該公司在銷售通路上好像不走一般的管道，儘管是2009年底就問世的產品，到現在還是只能在少數幾家店找到。想要入手，還是透過該公司的購物網站較方便。

這種名片匣在實際使用上的感覺如何呢？由於名片匣的形狀，本身就給人帶來深刻的印象，自行給名片印上日期，這件事本身就非常有趣，所以詢問度很高，會不斷地聽到別人問「這是什麼？」這個產品成為交談的契機，還可以加深他人對自己的印象。雖說人際關係的發展，還是要回歸到當事人的待人接物風格，不過拿來當作初次見面的話題與名片備忘，還是非常實用的。

（2010年2月25日發表）

印字用的墨來自於碳式複寫紙。複寫紙邊緣呈鋸齒狀，每當滑動鎖移動時，複寫紙就會跟著轉動。

30

印章與投影合一!?
讓人忍不住想訂製的精緻發明

印記 投影印章（天野製作所）

　　我在2007年的文具博覽會「ISOT」中發現這項產品，當時我對它一見鍾情，現場就下了訂單。

　　這款具備透明印面的印章內藏LED光源。LED向來讓人覺得無足輕重，最常就是用在暗處找電燈開關時，有LED當作標示，所以造成一個印象，覺得這款印章應該只是好玩。不過，它的用途其實非常有意思，是一款相當實用的產品。

　　想要把印章蓋得正又完美，並不是一件簡單的工作。為了正確蓋印，許多印章都會在食指碰觸的位置加上記號，標明正確方向，不過即使有參考，想要完全蓋好章還是不容易。

　　這款「投影印章」的印面本身是以透明壓克力製成（較高級的鈦金屬版則是水晶），可讓內部的LED光源通過。印面靠近紙張時，蓋章後所呈現的樣子，可以從投影清楚地看見。這就是它名稱中「投影」的由來。當然，這時候投影出的模樣，要儘量跟正確蓋印的結

「投影印章」。普通版售價日幣1萬8900元（印面為壓克力製），鈦金屬版3萬1500元（印面為水晶製）。可在購物網站訂製。

果相同，越接近紙面，投影會越清晰。只要透過這種方式正確調整蓋章的位置與方向，在重要文件上用印時就不必擔心會有錯誤。

可是其革命性的創新不僅是印面，還有這款產品優秀的使用介

內藏的LED使印面發光。

面。

這個產品雖然需要用電，但從表面卻找不到開關等煞風景的裝置。它的本體其實就有簡易的碰觸感應器。本體外殼全是金屬包覆，唯有中間一圈黑色的環狀塑膠部分是絕緣體。使用者的手指只要同時碰觸黑圈前後端，印章便能自動通電，使LED點亮。黑圈設計位在本體前端約3分之1的位置，以一般方式拿取印章時，手指自然而然的接觸，就可以打開開關。即便使用者事先沒有閱讀說明書，只要拿起

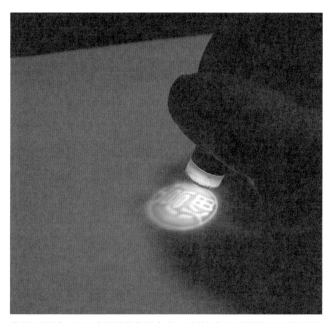
靠近紙張時，印面會清楚地投影上去，因此可以正確調整方向與蓋章位置。

附屬的厚重印鑑盒。

盒內附有專用印泥。

印章，光源就會點亮，接近紙面時可以投影出印面，自然而然就會發現這些功能。以使用者介面而言，這算是一個完成度非常高的良好範例。就連外觀的設計風格也非常雅緻，當成禮物送人，也不必囉哩囉嗦地費口舌介紹。

這款產品全都採客製化生產，普通版（本體鋁製，印面壓克力製）1顆要價日幣1萬8900元。鈦金屬版（本體鈦金屬製，印面水晶製）1顆要價日幣3萬1500元……嗯～～的確不便宜！但如此的概念與設計美感，卻讓我興起了對新產品久違的亢奮之情。

總之，雖然很貴，最後我還是忍不住訂了一顆。雖然我真正想要的是水晶印面的鈦金屬版，但因為考慮預算，只能退而求其次，選擇普通版。由於印面是以硬質的材料刻成，可用在正式的場合。當我拿到訂製的印章後，赫然發現，為了能投影出清晰美觀的印面，所用的印泥也必須具備透光性。所以，放在印鑑盒裡附屬搭配的印泥，是容易透光的特殊製品（我試過普通印泥，但是投影變得很暗，看不太清楚）。由於目的是要讓光容易通

手指必須跨越黑色的環狀塑膠兩端，LED才會通電。

過，因此採用特殊油墨，但這種特殊印泥蓋下去後顏色似乎稍淡。以印鑑的基本功能而言，彷彿力量有些不足。蓋印章這種行為本來就是為了主張「本人同意這麼做！」，所以我希望它的專用印泥顏色可以更鮮豔、明確一點。看來，這真是兩難的問題啊。

不過話說回來，我還是很喜愛新的發明。乍看之下，某些產品似乎已經沒有什麼發展空間，卻在意料之外出現利用新技術的解決方案，而且更厲害的是，方法還很簡單，不需要多餘的設計就能達到效果。我認為這種提昇的心態，是整體文具業界的開發者所必備的。

然而仔細想想還真有點奇怪，就算以高科技讓蓋印章變得更方便，可是不管怎麼說，印章究竟還是印章，終究是一種以類比方式在紙媒體上製造證明的工具。如今電子認證系統的技術日新月異，接下來差不多也該走到廢除印章這種傳統東西的地步了吧，但人們卻一直遲遲不肯拋棄它，想必這又是人類心理的一項不可思議之處。印章如今還算是高安全等級的證明工具，我心中有點懷疑，不過簡單原理又好懂的物品，總是比較能帶給人信賴感。至少在日本，蓋印章這種行為還是會持續下去吧。

不過，說到這我才發現，本書評價文具的方式就是用蓋印章的數量，還真是有意思。

（2008年2月20日發表）

只拿取印章的尾端部分並不會發光。

31

這才叫做「One Touch」！「動作」讓人上癮的印台

印記　瞬間乾印台（MAX）

「One Touch」這句英文，代表非常簡便的操作。

世上有許多號稱「One Touch」的產品。不過，許多自詡「One Touch」的東西，仔細研究後，會發現「只有第一個動作是One Touch」而已。舉例來說，只要One Touch就能輕易打開的雨傘，的確，下雨了One Touch就能開傘非常方便，但等到要收傘的時候，還是得雙手並用才能收好。

有的自動傘的確只需要One

Touch就可以收傘，但收起傘之後，要將傘柄縮起來時，還是必須以雙手再按一次按下彈簧。傘面被雨水弄濕後，最後還是要用雙手才能收入傘套，這樣也能稱為One Touch嗎！真正能從開始使用到結束動作都只需要One Touch的產品，仔細想想還真想不出來。

「瞬間乾印台」是給橡膠印章用的印台，其最大特徵在於，「打開蓋子，使用後蓋起來」這一連串動作，只要按個鈕，也就是One

「瞬間乾印台」墨水型（紅、黑兩色）各售價日幣1050元，印泥型1575元。

Touch便能完成。

One Touch的印台或許不會讓人覺得很稀奇。不過這就跟剛才所舉的雨傘例子一樣，「One Touch打開蓋子」的產品市面上非常多，那些產品的蓋子因為加了彈簧，只要按個鈕便能打開，但在關上蓋子時，還是要用力把彈簧壓回去才能完成。使用印台這種東西時，開蓋與閉蓋的動作一定會相對出現，「只有其中一個動作是One Touch」，認為這樣的產品是宣傳不實的，應該

不會只有我吧。

幸好這款瞬間乾印台完全不同。我第一次邂逅這項產品時，是看到辦公室的大姊正在使用。起初我也覺得這種看似普通的動作沒什麼好值得大驚小怪，但看到之後還是覺得有不一樣的地方。乍看下這像是隨處可見的印台，然而只要按前方的按鈕蓋子就會打開，再按一次蓋子則會闔上，開闔的速度完全一樣快速。

如果是彈簧式的結構，這是完

按下前方的按鈕，可以打開瞬間乾印台的蓋子，再按一次蓋子就會恢復原狀。

構造跟腳踏式的垃圾桶很像，利用槓桿移動蓋子。

只要按下按鈕，蓋子就會迅速完全打開，關回去的時候也一樣。

全辦不到的。彈簧的存在，代表工具必須有壓縮彈簧的動作，這麼一來，如果想用同樣的方法去控制開關是不可能的，這款產品使用的機制究竟如何？

瞬間乾印台並非彈簧式，它的構造比較接近腳踏式的垃圾桶蓋子，是利用槓桿原理來移動蓋子。垃圾桶的情況，我們在丟垃圾時，腳會一直踏著踏板，丟好了才會挪開腳，於是垃圾桶蓋子受到重力拉回，所以沒有問題。可是我們今天討論的是印台，是不可能一直用手按住按鈕的，因此，怎樣才能讓蓋子開關都用同樣的速度和方式進行呢？

這種機構最巧妙之處在於，同樣是按按鈕的動作，在關閉時只會對蓋子打開的方向起作用，在打開時只會對蓋子關閉的方向起作用……聽起來好像有點複雜，不過只要實際操作過就能了解。

掌控開關蓋子的部分，有2塊凸出的金屬零件，在按下按鈕時，兩者都會向上抬起（右下圖）。

蓋子與這塊凸起接觸的形狀，在按下按鈕要蓋上蓋子時，只有按鈕旁邊的凸起會碰觸蓋子。凸起會把蓋子推上去，等角度超過90度

後，蓋子就會自動朝相反方向倒下。相反地，當按下按鈕要打開蓋子時，只有另外一邊的凸起會碰觸蓋子，以相反的方向把蓋子抬起來，最後依舊會因為重力的緣故，超過垂直角度後就會自動蓋回（請參考174頁的圖）。

這種構造的重點在，打開時並不會直接抬高蓋子至垂直，而是只有40度左右（關閉蓋子時則是到80度），接著蓋子會順勢跑到超過90度的地方。因此，倘若按按鈕的速度太「溫和」，蓋子是無法打開的。另外，當蓋子超過90度，此時會與另一側的凸起碰觸，所以實際操作上，如果想讓蓋子移動順暢，按按鈕的力道就不能持續太久。使用一陣子之後，這種迅速按下的動

負責開關蓋子的部分，有2塊凸出的金屬零件，按下按鈕的同時就會向上抬起。

從側面觀察蓋子開闔的機械裝置。

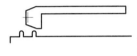

① 蓋子關上的狀態（按鈕在右側）。2塊金屬凸起部分是躺平的。

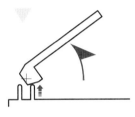

② 按下按鈕，2塊凸起會豎起來，靠近按鈕處的凸起會把蓋子往上抬。

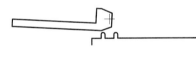

③ 當蓋子的角度超過垂直後就會因重力而使印台倒向相反方向，變成完全打開的狀態。

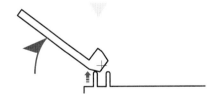

④ 蓋子打開的狀態下按下按鈕，2塊凸起重新升起，這回輪到另一邊的凸起抬起蓋子。

⑤ 超過垂直角度後又因重力倒下，恢復關閉的狀態。

作會自然會養成無意識的習慣，但假使時機不小心沒掌握好。有時蓋子無法超過90度，就會摔回原位。我這麼寫成文字，讓人感覺它的操作好像蠻困難的，不過實際使用時，根本不必想太多，只要「快狠準！」按下按鈕，便能爽快操作了。

　　所有文具的構造，或許只要搞懂了，感覺都很簡單，但一開始能想出這種構造的人，想必還是擁有絕頂聰明。此外，由於這項產品的動作實在太流暢了！即使不需要用印，沒事去按個幾次也會讓人覺得心情舒暢，我自己三不五時偶而就會讓它「啪噠啪噠」地開闔幾下。

（2009年10月8日發表）

31 立即為文件蓋上日期！內建時鐘的日期印表機

印記　計時印表機（Shachihata）

在商務文件中，最重要的項目之一就是「日期」。無論是要簽約、交涉，管理資訊的版本，幾乎所有文件都要加註上日期，這是基本中的基本。註明日期不會帶來任何困擾，沒註明日期反而會增加麻煩。因此，當文件來到自己手上時，首先加註日期是一種重要的好習慣。在這種場合中，可以派上用場的，就是本回要介紹的產品。

「計時印表機」是一種內建時鐘與日曆的全自動日期印表機。只要把本體按壓在紙上，就會自動印出目前的日期和時間。

使用方法非常簡單。本體下方有個小按鈕，只要壓著就會開始打印。也就是說，將本體按在紙面上，就會自動印字。印字機構是由馬達所驅動的橡膠印帶，以及在軌道上移動的印頭兩者所組成。橡膠

「計時印表機」（售價日幣1萬8900元）。雖是國外廠商的產品，但可以透過購物網站「Shachihata Antenna Shop」買到。使用4顆3號電池與CR2032水銀電池。

只要把本體按在紙上，就會自動打印出目前的日期、時間，字體大小適宜，可以蓋在文件資料的空白處。

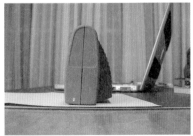

靜止時，按鈕與印面呈現稍微脫離桌面的傾斜狀態（上圖）。印面碰觸紙的狀態（下圖）。

印帶上面有文字凸出，可以快速旋轉，當文字轉到印頭下方時，印頭會降下去，讓印帶去撞擊紙面，於是字就印出來了。無論是橡膠印帶或印頭都只能朝一個方向轉，可以在需要動作時迅速轉到當時的數字，因此就算選擇最長的印字模式，也只需要2秒就完工。

　　平常放在桌上待命時，可當時鐘使用，在液晶螢幕上顯示出現在的日期與時間。本體後方的電池盒有部分凸出，使得本體底部與桌面之間產生一個斜度。待命時本體會由於斜度而略為往後

Never touch the rubber belt and the hammer

印帶上的文字排列方式，是根據使用頻率與相對位置所設計出的特殊順序。

倒，以電池盒的底部作支撐，這時底部前方的按鈕與印面會稍稍離開桌面。印字範圍約為55×3mm，根據排列組合的方式不同，文字列的情形也可以改變，不過高度不會超過3mm，因此幾乎所有文件的空白處都足夠列印。

　　印字內容包括「日期（西元年後兩位－月－日）」、「時間」、

想要研究內部構造，我把機器拆開。

「訊息」、「計數器」，可以從當中選擇自己所需的部分（然而當使用計數器時，有時會因為字漱過多，出現印不出來的問題）。日期可選擇日本式的「年－月－日」，月份不像許多歐美產品只能顯示「JAN」「FEB」「MAR」的英文縮寫，可以換成數字，對於非英語使用者來說很方便。時間則可以切換12小時制或24小時制，這些看似理所當然的小細節，統統都有考慮到，真是太讓人開心了。

　　日期可選擇日本式（年－月－日）、美國式（月－日－年）、歐洲式（日－月－年）三種。許多產品都會因日期的順序，對不同國家的人造成困擾。最常見的例子就

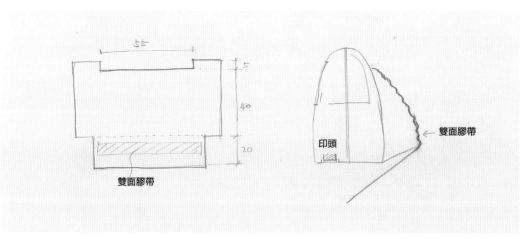

自製印字位置指示卡。這是我親手畫的設計圖。

是信用卡的有效期限是以歐洲式排列，所以常常會有人會搞錯。從排列的方便性與數學的思考邏輯看，我還是覺得日本式最好用……。

這款產品的訊息內容是預設的，只有「IN」、「OUT」、「PAID（已付）」「FILE（歸檔）」、「REF：（參考、照會）」、「CFMD（已確認）」、「RCVD（收取）」7種選擇。由於設定時已限定了字母範圍，因此印帶上的文字才能特殊排列。而數字順序也是依照使用頻率與相對位置特別設計而成，在預設訊息中，沒有用到的字母則完全不會出現。

我拆開機器研究，發現字母的排列順序是這樣：

：TUOELDVNIMFECRAP-9876543210765432109-98765432103210-：987654321032109AP

由於印帶印字時只能自右朝左移動，所以實際的運行順序如下：

ＰＡ９０１２３０１２３４５６７８９：-０１２３０１２３４５６７８９-９０１２３４５６７０１２３４５６７８９-PARCEFMINVDLEOUT：

這麼一來，當我們要打印「08-05-1218:35CFMD」時，就算沒有類似旋轉號碼章的功能，印帶只要轉2圈就能湊齊所有的文字，真是巧妙的設計。此外，由於印帶的旋轉與印頭的移動同時進行，可以讓機器節省所有不必要的動作。居然有人能想出如此靈巧的控制程式與特殊的文字排列法，我對此是敬佩得五體投地。

假使您具有數學頭腦，或許更會對這種排列組合與裝置動作發出「哇哇」的讚嘆聲，並樂在其中。如果真要提出我想追加的需

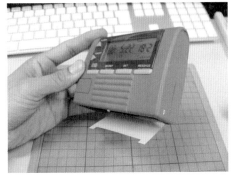

把自製的印字位置指示卡黏上去。

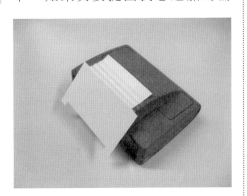

求，那就是希望訊息可以自訂，要是能打上自己的名字，簡直是棒呆了……但這樣一來就得用到全部26個字母，排列組合變得更複雜，印帶可能要多轉幾圈，造成機器的操作與打印的字母組合會變得極度複雜……看來我的要求是不可能實現了……。

不過話說回來，這項產品也不是毫無缺點。譬如印字機構並沒有電源開關，印面經常保持裸露狀態（而且還很重），這對於常常必須移動的使用者來說非常不利。

然而對使用者來說，最麻煩的還是印字位置很難掌握。本體底部細長的印字區域，一開始隱藏在機器本體中，因此想要在紙上精確的位置打印，恐怕需要一些練習訣竅跟直覺。這一點來說真是不太方便，於是我只好自行設計出一個小小的改良裝置，自製了印字位置指示卡，來讓這項產品更好用。我將影印紙裁切成如178頁的形狀，對準機器本體下方的印字區域貼好即可。

黏貼時的重點在於，必須附著在電池盒而不是機器的本體底部。這麼一來，紙才不會擋住印字的機

加了指示卡後，印字位置精確多了，印錯位置的機率大幅下降。

關。雖然前後變化差異不大，但有了印字位置指示卡後，印失敗的機率便大幅下降了。這樣一點小改造就能讓印字位置更精準，如果有購買這款產品的人請務試試看。

如果想讓指示卡更進化，可用OHP膠片等薄而透明的塑膠製品取代影印紙。一來比較耐用，而且透明材質也能讓印字位置外的部分看得更清楚。只不過，選用的塑膠片最好要有適度的彈力。如果是使用墊板或透明資料夾等材質太厚的板子，印頭可能會無法打印。還有最後一點，在一般情況下使用這款產品沒什麼大問題，需要4顆3號電池，重量不輕，結構相對上卻顯得脆弱，如果一不小心從桌上摔下就可能故障。這款產品的精密程度很高，使用時請特別留意。

老實說，像這樣的產品，我已經尋尋覓覓了10年，跟它類似概念、大小的機器，15年前曾由精工這家廠商發售。但當時我只是高中生，根本買不起。等我上了大學，那種產品已經停產了，再也無法買到（直到現在我還在找那個舊式的機器，如果有人願意割愛請務必通知我）。

沒想到，國外有一家完全不相干的公司，後來發售了類似的機器，並且還可以透過Shachihata的購物網站，在日本國內直接買到。我不禁在興奮的心情下立刻入手。這種啪嘰啪嘰啪嘰……的爽快打印聲，我實在太喜歡了，感覺就好像揭幕儀式或者事情告一段落的儀式，可以藉此在工作時切換心情，感覺不賴吧。

我把它放在桌上為文件加上日期，這款產品可以作為保全人員的門禁管理記錄，圖書館的借還書作業，或是與實驗、研究相關的資料記錄等，用途極為廣泛。雖說價格不是輕易就能下手的產品（我幫自己與公司各買了一台，真是一筆龐大的支出），但只要好好使用，相信能成為物超所值的一項文具。

（2008年5月23日發表）

33

拍立得的樂趣不滅！
超小型印表機

其他 拍立得PoGo（Summit Global Japan）

即時成像相機代名詞的拍立得，已於2008年夏天退出此一市場。是一件非常令人惋惜的憾事目前還有人連署希望該公司能恢復生產，（我對此也有同感，聽到消息當時，還拿出祖父送給我的SX-70發愣了好久）。不過知名的拍立得公司在2008年11月時，推出了代替即時成像相機的一項產品。

現場列印
超小型攜帶式印表機

祖父送給我的SX-70。

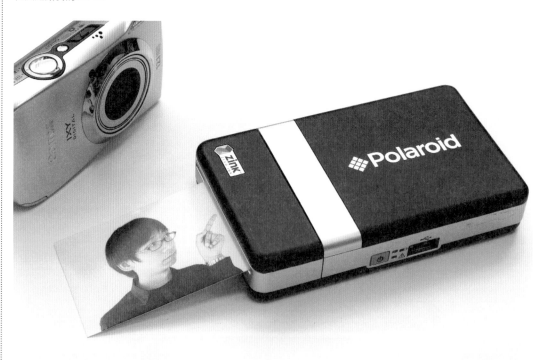

拍立得PoGo，市售價日幣9800元。

這款產品就是攜帶式印表機「拍立得PoGo」（以下簡稱PoGo）。

PoGo是以內建充電池驅動的小型攜帶式照片印表機。雖說是印表機，但本體尺寸只不過比迷你數位相機稍大一些的立方體，機體上有電源開關與2個顯示燈，以及USB埠與變壓器的輸入孔，此外沒有其他任何凹凸不平的部分。外觀非常迷你，造型也極為簡約。這種簡潔的機器能印出全彩的相片，令人非常吃驚。

只要是對應PictBridge（※）數位相機的機種都能使用。拍下照片後，用USB連接線，讓數位相機與PoGo連接，伴隨著一陣「嘰嘰嘰嘰嘰……」的聲音，照片就會緩緩吐出來。從這台機器的出口出現照片時，模樣簡直就像拍立得相機復

活。

※數位相機內建的印表機列印工業標準。不必透過PC，只要將數位相機連接印表機便能簡便地列印照片。

感熱紙全彩印刷
裡面的秘密是？

然而，這台機器吐出的照片原理，卻與過去拍立得的即時成像底片截然不同。

即時成像底片含有讓底片顯影所需的藥劑，當底片吐出時，藥劑就會同時流入感光面，在照片吐出

印表機尺寸只比迷你型數位相機略大。

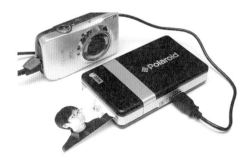

用USB線連接數位相機後，會發出嘰嘰的聲音，緩緩列印照片。

的同時發生顯影作用。換句話說，每張底片都像是內建了簡易的沖洗照片暗房。拍立得相機拍出的照片底下會有一條「留白」，這條留白等同它的註冊商標，那個留白區原來是填裝顯影劑的區域。但PoGo所吐出來的照片卻是滿版的，相紙很薄且厚度均一。這又是使用何種機制呢？

PoGo所採用的列印方式被稱為「ZINK」科技，是一種嶄新的發明。ZINK就是Zero Ink的縮寫，代表這種列印方式完全不需墨水。而它最大的秘密，就隱藏在列印專用的特殊「ZINK相紙」中。

這種列印相紙事實上是一種感熱紙。能全彩印刷的感熱紙？過去大家所看過的感熱紙，一般就是像傳真機或電子發票所用的黑白變色薄紙。這種感熱紙究竟要如何全彩印刷呢？

根據拍立得公司提供的資料，這種ZINK相紙共由14層組成，詳細的組成是商業機密，據說每一層裡都填入了會對不同溫度發色的色素結晶體。也就是說，這種紙會依據外在的溫度而呈現出不同的色彩。每種顏色顯現的溫度區域不同，100℃是青色系，150℃是洋紅色系，200℃則是黃色系，像這樣以溫度決定發出的顏色。列印頭上有個能高速正確控制溫度的發熱器，每列印1張照片，印針會對相紙表面發出大約2億次的脈衝，以便加熱到適當的溫度。

在常溫下這種相紙完全不會發色，所以不需要像傳統底片必須裝入保護外殼中。在機器裡裝進相紙時，只要打開蓋子、放入相紙再蓋回去即可。不需小心翼翼呵護底片。

溫度變化與發色？親手做實驗

這麼說明之後，您會不會想要實際體驗加熱造成發色變化的情形呢。我取得1張ZINK相紙做加熱的

拍立得照片下方會有「留白」（左方），但PoGo吐出的照片卻是滿版的（右方）。

實驗。加熱的方式，我是用釘子狀的金屬棒放在瓦斯爐上烤，然後迅速掃過相紙的表面。釘子離開爐火後，溫度會逐漸下降，隨著溫度變化，發色的結果也跟著變化。

結果還真的如我所預料（如186頁圖）。加熱過的釘子在緩緩掠過相紙表面時，相紙出現青黑色，於是我加快了釘子的移動速度。根據釘子發熱溫度與移動速度的變化，結果相紙顯現出各種不同的顏色。

列印專用的「ZINK相紙」。打開PoGo的蓋子，把相紙裝進去，蓋上蓋子就OK。

使用前的狀態。相紙是光澤的白色表面，很像我小時候玩過的氰版感光相紙。

我的實驗同時也揭露了一點，為了讓層疊的發色層達到發色的目的，加熱時時間長短是非常重要的。熱能在紙層間傳遞時會有流失的問題，因此不難想見這款產品的溫度控制系統一定非常複雜。

與富士底片「Pivi」的差異？

事實上，之前市售另有一款即時成像底片技術，是以配置成線條狀的光源進行連續感光，讓相紙能印出圖案，如富士底片出品的印表機「Pivi」（現已停產）。PoGo與Pivi兩者有何不同？我實際進行了比較，讓讀者們可以參考。我覺得，兩者可說是難分高下，各有優缺點。

PoGo的照片雜訊，的確比Pivi要來得明顯，Pivi照片的畫質看起來比較自然。然而，以單價來說，Pivi的相紙昂貴，並且每印10次就必須更換阻斷光線的卡匣。相對地，PoGo單價低廉且畫面面積較寬，ZINK的背面甚至可以撕下來變成貼紙，可說是非常貼心。如果想要列印後立刻貼在筆記本或手帳上，PoGo的相紙絕對可以帶給使用者更多樂趣。

我比較在意的一點是相紙的

印刷區域。一般數位相機的照片比例是3：4，但ZINK的比例卻是2：3，橫向變得較長。由於會自動將照片調整適合列印的尺寸，不會有留白，所以PoGo會切除照片上下約12％的區域，這個範圍實際上比我想像中還要大。而Pivi也是一樣的情形，上下左右都會切去一部分。

因此，如果拍照時沒預先在周邊預留空間，列印出來很可能會發現攝影主體慘遭裁切。我在拍攝會議室白板並列印後，發現白板上下方有些文字不見了。如果拍攝的目的是要由PoGo列印處理，請在列印前先將相機輸出的圖片檔案比例調整成2：3，或是拍照時在上下兩邊多留些空間。

另外還有一個關於硬體上的問題，那就是即使是在充飽電的狀態下，PoGo大約只能列印15張，對我這種謹慎的人來說，這實在是太刺激了。由於機器無法顯示電力殘留量，我想這也是會造成使用者不安的因素之一。雖說我目前還沒遇到印到一半沒電的情形，但這種設計的確會對使用者的心理造成負荷。相形之下，使用一般市售電池就可以列印100張的Pivi，讓人放心許

列印出的照片，上為Pivi，下為PoGo。右邊是局部放大的效果。

PoGo的照片（下）比Pivi（上）有較多的顆粒雜訊。

多。

以照片的畫質比較，Pivi比較優秀。不過，身為即時成像相機老字號的拍立得，會沿用過去的即時成像底片技術，製作出以化學方式感光的小型相紙。拍立得之所以要刻意選擇ZINK，其實具有更重大的意義。

ZINK還是一種處於研發過程中的技術，機體的設計能夠抵抗惡劣的環境，每張的列印成本也較低。換個角度說，這種新技術只要繼續發展下去，相信一定會使以往的化學顯影方式更加進步。但目前發色的自然度與電池用量，無疑是必須優先改善的課題。

無線連接只有藍牙

PoGo除了有USB連接線，還可以使用藍牙無線傳輸，日本所製造的Pivi則是使用紅外線通訊。PoGo採取藍牙方案，可能是由於海外與日本的手機規格差異。附帶一提，我的手機只有紅外線通訊，沒有藍牙，所以無法連接PoGo列印照片，我覺得有點可惜。

在日常生活中，用手機拍照的人非常多。在家庭聚會等場合，要分享照片時（如小孩的照片），要把手機在眾人之間傳來傳去，這種時候PoGo就該上場了。可惜的是，沒有對應藍牙的手機，就無法用

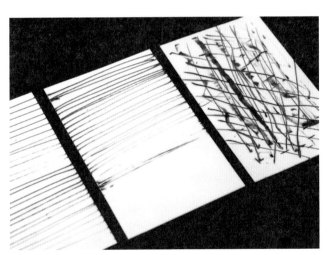

用加熱過的金屬棒迅速掃過相紙，依照溫度與移動速度的不同，會顯現出不同的顏色。

PoGo相紙背面是貼紙，可以撕開貼在筆記和手帳上。

PoGo來列印照片。

如果一定要列印，還是有變通方法，只要找一個microSD轉SD記憶卡的轉卡（通常買手機就會附贈），將手機裡的microSD轉成SD後，放入數位相機，這麼一來就能連接PoGo列印了。這樣是有點麻煩，而且手機裡或許有其他秘密會不小心洩漏出去。可見無法直接傳輸檔案，總是不方便。iPhone的藍牙功能只能用在語音通話，所以想要直接傳輸列印，目前依舊無解（iPhone 3G以後的版本就可以，若是iPhone藍牙直接列印功能無礙，PoGo毫無疑問會成為享受iPhone樂趣的最佳拍檔之一）。

總而言之，這就是PoGo所可能面對的可攜性限制的問題。不過，

如果能使用iPhone藍牙功能直接連線列印，PoGo毫無疑問會成為享受iPhone拍照功能的最佳拍檔。

關於這一點，與其等待PoGo增加紅外線通訊功能，不如期待手機全部內建藍牙，相信這一天應該會更早到來。

如今藍牙功能可以派上用場的，就是使用筆記型電腦時（我是使用MacBook Pro）。只要點選JPEG檔傳送給PoGo，便可輕鬆達成以無線傳輸的方式列印照片。

可當場製作「禮物」的殺手級文具！

在商務場合上，這款產品可以即時將寫滿資料的白板列印成照片，或是將樣品的照片立刻印出來貼在筆記和手帳上，的確非常便利。不過，在我用了一陣子之後，發現PoGo最厲害的還是在促進人際關係。在聚會的現場列印照片，包準會讓人大吃一驚，立刻列印出照片送給朋友，人人都因得到這種特別的禮物而開心不已。這種照片也能成為聊天時的話題，在交友圈中流傳。因此，PoGo還是一種可以當場製造「禮物」的殺手級文具。

和朋友出遊，或是在餐廳與朋友們聊天，以及小型的私人聚會等等，大家一定都會拿起手機拍照，這是非常普遍的畫面。然而，往往

人們在拍照時會興奮地保證「回去再把照片傳給你」，之後真的做到的有幾個人呢？連我經常也懶得做這件事，往往過了1個禮拜，照片還是沒有傳出去，最後總是不了了之。

拍照是證明大家歡聚一堂最實際的方法，大家都希望能早一點拿到分享的照片。PoGo的好處在於，能在現場的歡樂時刻中立刻留下紀念（而且它跟傳統的拍立得不同，一張照片可以多次列印，也可以將數位檔儲存在相機裡）。尤其是面對不會使用電子郵件的長輩或小朋友，想要拉近與他們的關係，有了PoGo大大加分。即使沒有電腦，也可以和大家分享看照片的喜悅。在返鄉省親等場合，這項產品勢必會受到親朋好友的歡迎。

隨著數位相機的普及化，消費者逐漸習慣不把照片印出來。有了PoGo後，能夠再度親身體驗列印照片的樂趣。印成實體的照片，超乎預期地能帶給大家快樂。儘管不列印照片，也可以透過電子郵件或部落格分享，但畢竟人們還是容易被實體物品打動。歡樂的場景變成親手收到的禮物，啊！這才是拍立得最大的樂趣。

附帶一提，關於拍下來照片的保存和閱覽問題，由於PoGo的相紙背面具有貼紙功能，可以貼在筆記和手帳等處。但由於這種照片尺寸剛好是比名片略小的長方形，因此可以用名片整理簿來代替相簿，像我就是直接把照片放入「ROLODEX」的旋轉式名片架。這種名片架的設計就是可以自由替換名片，因此可以用時間排序整理，變成有趣的手翻書，或是把照片架成塔狀後崩塌等等，這種種欣賞方式唯有紙製的照片才辦得到。

我又多了一樣隨身攜帶公事包裡必備的文具。

（2009年6月11日發表）

我把PoGo列印的照片放入旋轉式名片架「ROLODEX」。

「必殺仕事人」風格!?
報紙電線綑綁必備

其他 捆捆45（仁礼工業）

大家可能不知道，其實居家修繕DIY賣場裡有許多用起來超級方便的工具，這把「捆捆45」就是其中之一。我把這項工具放在家中玄關已經十幾年了，是我視為珍品的私人愛用物。

功能只有一種「束帶捆綁」

捆捆45是利用塑膠束帶捆綁物體的專用工具，也可以拿來整理電腦主機線路等。在一般家庭日常生活中，可以使用束帶的機會不少，像是在設置家電或網路線路時，施工人員經常會利用它來整線。捆捆45的功能就是用束帶捆綁，算是非常小眾的專業工具。

或許您會認為自己跟這種產品無緣，但對有用的人來說，它可是方便極了，所以請您有機會務必試試看。

總之，我還是先來介紹這項產品的使用方式。

將目標物捆住，「吱嘰吱嘰…」手感就像電視劇「必殺仕事人」

家庭用小型束帶機「捆捆45」（售價日幣2678元）。可以用塑膠製的束帶，輕鬆整理報紙、電線。

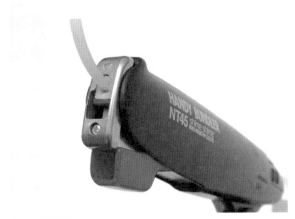

束帶從本體前端拉出。

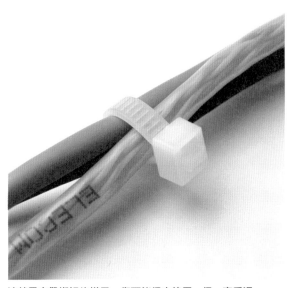

這就是束帶綁好的樣子。您可能很少使用，但一定看過。

在使用這項產品時，首先要把本體前端伸出的束帶拉長，捆繞在想要固定的物體上，這時候不必管它有沒有綁緊。束帶的一側表面凹凸不平，要把這一側朝外。接著，把束帶頭插回綑帶機前方，束帶的凹凸會卡住，不會隨便脫落。

在這種狀態下握住機器本體，從從後方將束帶拉緊，接著發出「吱嘰吱嘰吱嘰……」的聲響後，束帶就牢牢捆住目標了。這時按下前端的紅色按鈕，機器內部的刀片會發出「叮！」一聲將束帶切斷，作業大功告成，這時我的心情就好像日劇「必殺仕事人」裡彈三味線的角色，輕鬆俐落的把人幹掉。

與普通不需要機器也能操作的束帶相比，這項工具似乎有些太超過了。然而捆捆45可以依照捆綁物的體積調整束帶長短，在適當的長度切斷，捆綁物從管線類到舊報紙堆等，不論體積多大都能應付，也不會因為束帶太長而留下一條累贅的多餘束帶。能夠將束帶緊緊綁住，這點就是一大優勢。

束帶強度高園藝也可用

束帶長15m，2捲為一組，售價日幣1292元。雖然這價格沒辦法

讓人誇一聲「好便宜！」，重點是不要有多餘的束帶被浪費掉。如果用來綁電線，一次使用的長度頂多5cm，以15m的束帶來說可以綁300次。拿來捆舊報紙的物品，感覺似乎有點浪費，但如果想要綁體積較大的物品，還可以選經濟實惠的100m產品（這款束帶由於太長，捆捆45捲軸無法容納，所以只能將束帶部分直接從包裝插入機器本體）。對於使用頻率高的人，另有一款附有可自動拉緊束帶的「捆捆45 II」（售價較貴）。

關於使用這項產品的準備工作，首先得將本體內的卡榫與束帶組合好。卡榫是方形的塑膠顆粒，可以一次放入20個，串在塑膠棒子上，送入綑帶機體內部固定，然後把塑膠棒拔出來，卡榫就安裝完成（192頁左圖）。這時要按機體下方的紅色固定鈕來將卡榫送入固定槽，因此第1發是空包彈，不過固定之後，第2發以後卡榫就會依序排列在本體前端，等待固定束帶的動作。

此時，將束帶從束帶捲裡拉出來，插入後方的卡榫放入處，直到束帶前端從本體前端伸出為

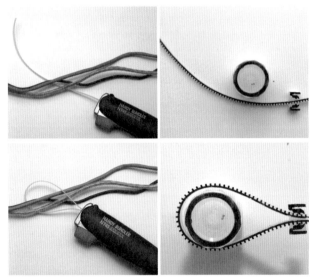

首先把束帶捆繞在想要固定的管線上（左上圖），之後插回機體（左下圖）。右圖是使用時相對的內部構造剖面情境圖（黑色部分）。

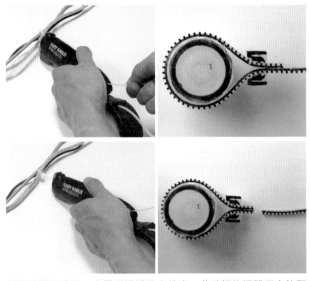

插進機體的孔後，束帶從機體後方伸出，此時握住機體用力拉緊束帶（左上圖），接著按下位於前端的紅色按鈕，內部的刀片會「叮！」一聲將束帶切斷（左下）。

止。這時束帶會從剛才安裝好的卡榫中通過，感覺像是皮帶穿過皮帶環一樣。

　　束帶的材料是高強度的尼龍，而卡榫則是強度更高的聚縮醛樹脂，無論耐力與耐久性都出類拔萃。只要正確使用，除了可以用於暫時固定重物，還能拿來防止機器摔落，防竊等（束帶可以用剪刀剪斷，但無法徒手扯斷）。我有朋友拿束帶機固定觀葉植物，在園藝上也很實用。

使用前必須先把卡榫裝好（上圖），然後將束帶從捲軸上拉出，從機體後方的孔插進去（下圖）。

　　不過，「捆捆」系列的束帶，如果要從固定好的物品上剪下，由於是破壞性的方式，是無法再回收使用的。剪的時候要小心，注意可別剪到原本綁在裡面的管線。

無論是垃圾袋或電線都適用

　　我最常使用這款產品的時機，其實是倒垃圾的時候。只要輕輕將垃圾袋口握住，再以捆捆45綁緊。和徒手綁緊垃圾袋比較起來，這種捆法不但能讓垃圾袋的可用容量提昇，同時也增加密閉度，腐敗垃圾的臭氣很難跑出來。

　　此外，電風扇或電暖桌等家庭電器產品，在不同的季節可以用捆捆45將電線牢牢固定在機體上綁好，直到下次使用之前，電線與電器機體固定在一起，就不必擔心電線遺失的問題（我之前常弄丟電暖

捆捆45可以拿來整理讀過的舊雜誌，非常便利。

桌的電線。還有，在電器使用時捆綁電線會有危險，請千萬不要這麼做）。總之，無論是電線還是垃圾袋，對付亂七八糟的物品，一口氣牢牢把它們全都捆住，真是令人感覺爽快極了。

辦公室必備，OA機器配線不雜亂

市面有售不需使用束帶機就可直接使用的束帶，但那種產品的長度無法任意調整，用起來不太方便，而且，當需要捆綁的物品較多時，有一把束帶機在手，工作自然會輕鬆許多，捆綁後看起來也比較美觀，尤其是用來對付辦公室的OA機器配線，效果更是不言可喻。您是否也該考慮買一台作為公司的備品呢？對於擔任總務或MIS的人，這是我絕對會推薦的逸品。

突然想到，固定聖誕樹的燈飾，搞不好也派得上用場！

（2009年11月20日發表）

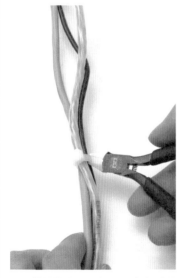

要用剪線鉗等工具才能切斷捆好的束帶。

拿來捆垃圾袋，由於緊密度很高，臭味不容易跑出來。

35

簡單卻具有驚人效果！
紙箱引發的「革命」

其他　Damper（Kirin Jacquard）

對現代物流來說，紙箱的發明可以說是意義重大。

紙箱的運用既方便，範圍又廣，重量輕又具備耐衝擊力，不用的時候可以壓扁堆疊，收藏時大幅減少體積。想想從前想要運送物品就得使用木箱的時代，相比之下紙箱的機動力實在是太驚人了。近來為了環保因素，有一部分流通、運輸業者改採可重複使用的「通函」（把商品放進去紙箱寄給收件人，送完後空箱子會送回給寄件者），但這種方式還是必須仰賴紙箱的方便性。

根據日本全國紙箱工業協會的估計，紙箱的需求雖然逐漸降低，但2009年估計還是有大約125億立方公尺的需求。

儘管紙箱可以說是萬能的包裝材料，但還是會遇到一些不太適合的狀況。例如從外面看不見箱子內部的狀況、怕水、不耐潮、不可過度堆疊，取放東西時蓋子很礙事等等。

如果平常只是放一兩個紙箱在家裡使用，或許還沒有什麼感覺，

「Damper」每個售價日幣126元。共4色，可在東急手創館購買。

但以倉庫頻繁上下貨的情形來說，紙箱的蓋子是非常難搞的東西。尤其是當許多箱子並排在一起作業時，紙箱的蓋子垂下來倒在隔壁箱子上，會讓人火冒三丈。我是一旦覺得不爽就很難忍受的人，所以如果要我使用紙箱，一定會先用美工刀割掉蓋子，不然就是把蓋子反折起來用膠帶固定。在紙箱數量太多時，我真是不勝其煩。

對於每天都要遇到紙箱上下貨情形的人來說，這種不滿雖然很微小，但累積起來勢必有一天會爆發。終於，有人看不慣這種事，動手設計出商品化的工具了！這就是我們這回要介紹的「Damper」。

Damper是一種能將紙箱蓋子固定在全開狀態的塑膠製工具。使用時只要將紙箱蓋子打開、反折到外側，然後把Damper插在四個角落上——只要進行如此簡單的步驟，使用紙箱的心情就會大大不同，可以輕輕鬆鬆地進行查貨作業，而且上下貨都不會帶來壓力。

此外，在重疊紙箱時，由於Damper附有凹陷的堆積槽，只要紙箱的尺寸相同便能穩固地堆起來。在蓋子打開狀態下，四角很堅固的紙箱，使用起來感覺與塑膠製的箱子很像。

Damper的構造非常單純，但效果卻出奇強大。除了可以方便取放物品，同時紙箱強度等性能也大大提昇。紙箱當然是紙製的，不過只要四個角變硬，強度就會提升到讓人吃驚的程度。藉著Damper將紙箱堆起來時，Damper的凹陷堆積槽可以上下彼此精準地對齊，而紙箱本身四邊反折的蓋子也能防止紙箱歪斜扭曲，因此比起只封上蓋子的紙箱，用Damper來堆積紙箱的方式，強度反而更佳。這種方式看起來只是單純把紙箱堆起來，卻能夠發揮出紙箱所能承受的最大耐重。根據製造商Kirin Jacquard表示，只要堆積時對準，位於下方的空紙箱最多可承受150kg的重量，並且不易倒塌。

Damper的好處在於可以使用現有的紙箱，不需任何額外加工，便能派上用場（單層、雙層、進口用的紙箱都可以，並且對應各種厚度）。其中，最讓人能感受到Damper的威力，就是平常必須天天面對紙箱的行業。

例如一些大型量販店等業者，商品是直接以紙箱堆疊販售，有了這項利器，就不必每次都要把紙

箱拆來拆去，立刻能得到助益。一般商店的小空間也能派上用場。當然，在倉庫裡打包各種商品時，或是要用紙箱裝入各種不同商品時，有了Damper也很方便。這種作業方式對現今中小規模的網購業者與郵購銷售商而言，想必能確實提高繁多商品種類的出貨效率。假使商品經常進進出出，並不需要將箱子堆起來，也可以使用單純固定蓋子的「Damper L」（無堆疊槽）可供選擇，非常貼心。

然而，職場上需要堆積起來的紙箱不見得都是相同尺寸。此外，我後來才發現，Damper只能在蓋子全開的狀態下固定紙箱。如果蓋上蓋子就無用武之地，這使得它無法隨著封箱搬運，這時，運輸途中與其他倉庫，勢必要另外準備其他放置Damper專用的紙箱才行（當然每個倉庫都可以打開幾個紙箱，加裝Damper來解決這個問題）。

開發商Kirin Jacquard原本是生產毛料製品的服飾公司。這個Damper是他們唯一的塑膠製品，但由於公司對於每天要使用的紙箱感

使用Damper可以將紙箱蓋子固定在全開狀態。四個角在堆積時提供凹陷的堆疊槽，同樣尺寸的紙箱能穩固地堆起來（綠色是一般Damper，黃色是不具有堆疊槽的Damper L）

到很不方便，所以才會自行開發出Damper這項產品。

儘管Damper除了固定紙箱蓋子外，完全沒有其他了不起的功能，但工作人員將潛在的不滿具體化，並且承擔市場風險（對於本業並非塑膠射出的服飾廠商來說，這並不是小額的投資）來製造出新的商品，實在很了不起！他們的出發點不是為了其他客戶，而是為了讓自身的工作變得更輕鬆。

當然，最常使用這項工具的一定是Kirin Jacquard的員工。Damper的設計並不是針對假想的使用者，「這樣絕對會比較方便！」如此單純的出發點，完全沒有投機取巧，直接來自工作現場發出的衷心的需求，給人一種強烈的說服力。如此以日常生活為出發的原始發明，這個過程才是人類工具誕生的原始風貌。我認為所謂的「便利」這個詞，原意就是為了這樣的工具而存在。

（2009年7月30日發表）

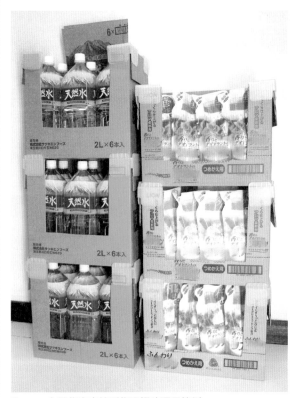

Damper在零售商店等販售現場的運用範例。

作者簡介　高畑正幸

　　1974年生於日本香川縣龜丸市。從小學時代就擅長美
勞與自然科，一直持續30年至今。在電視冠軍「全國文具
通錦標賽」（東京電視台）連續3度稱霸，目前任職於文具
製造商。著有《文具的徹底活用目錄－必備品篇》（LOCO
MOTION PUBLISHING）、《電視冠軍【文具王】聰明工
作術》（智富）。此外還經營文具研究網站「B-LABO」。
目前於日經TRENDYnet連載「文具王‧高畑正幸的最新文
具樂園」。推特帳號：bungu_o

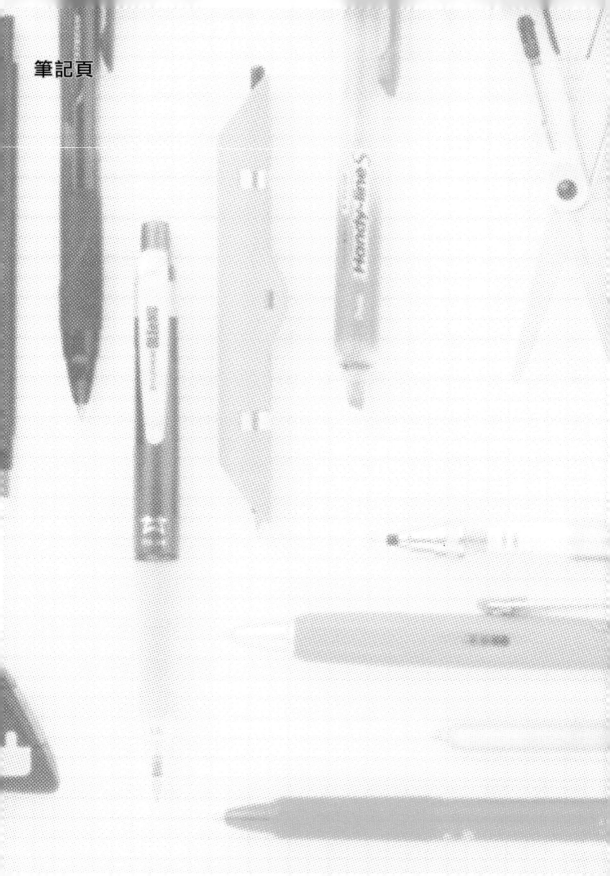

筆記頁

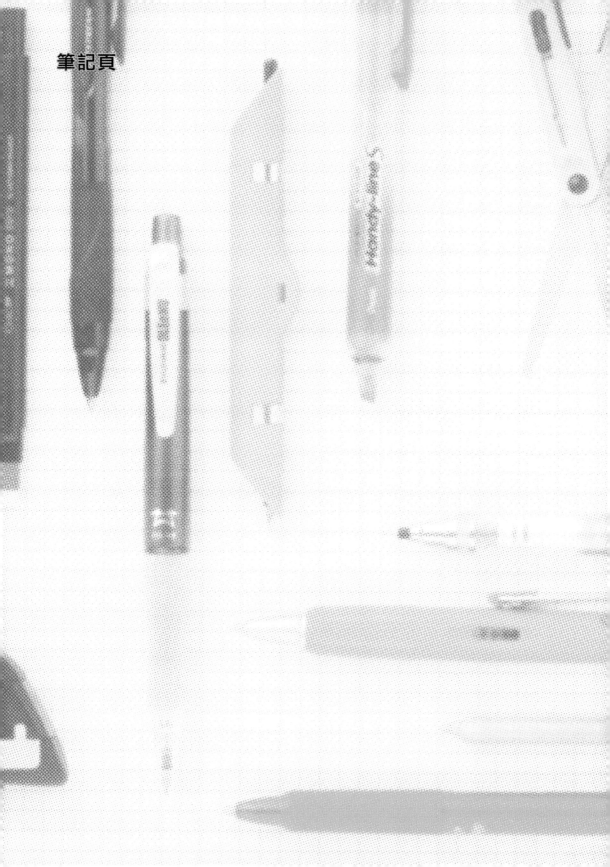

筆記頁

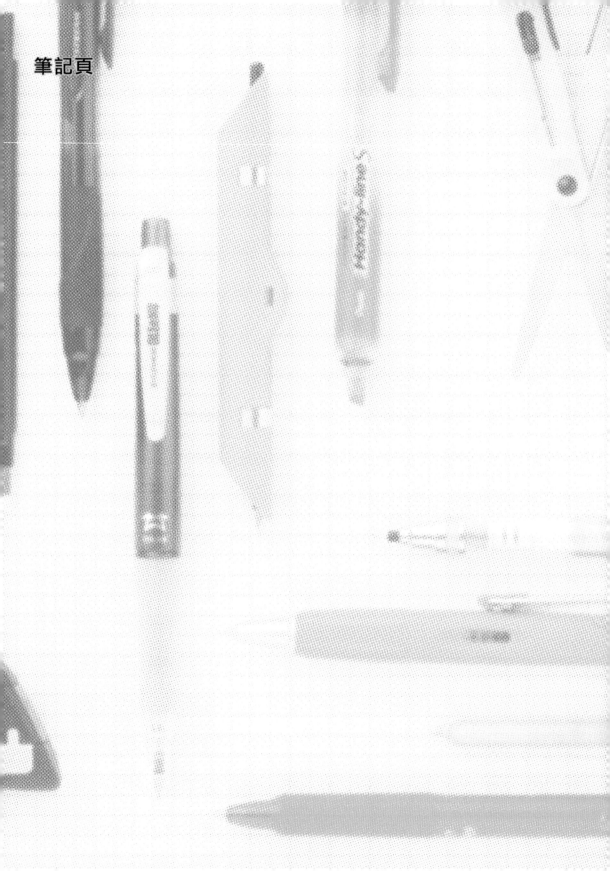

筆記頁

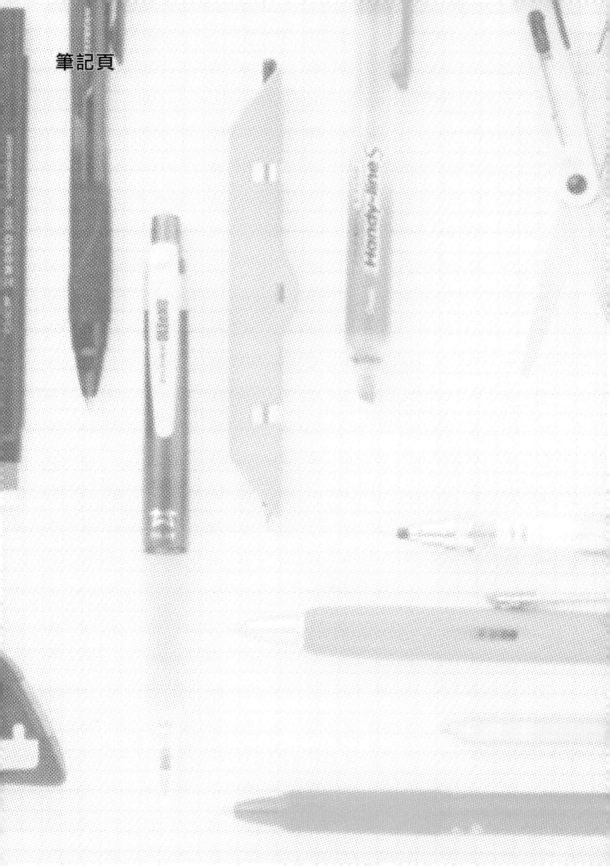

筆記頁

筆記頁

國家圖書館出版品預行編目(CIP)資料

東京文具私感動：電視冠軍文具王.實戰完
全評比 / 高畑正幸作；許昆暉譯. -- 初
版. -- 新北市：智富，2012.10
　　面；　公分. --（風向；53）
全彩版
ISBN 978-986-6151-35-4(平裝)

1.文具 2.日本

479.9　　　　　　　　　　　　101015024

風向53

東京文具私感動──電視冠軍文具王‧實戰完全評比【全彩版】

作　　　者／高畑正幸
譯　　　者／許昆暉
主　　　編／簡玉芬
責任編輯／陳文君
封面設計／鄧宜琨
出 版 者／智富出版有限公司
發 行 人／簡玉珊
地　　　址／（231）新北市新店區民生路19號5樓
電　　　話／（02）2218-3277
傳　　　真／（02）2218-3239（訂書專線）
　　　　　　（02）2218-7539
劃撥帳號／19816716
戶　　　名／智富出版有限公司　單次郵購總金額未滿500元（含），請加50元掛號費
酷 書 網／www.coolbooks.com.tw
排版製版／辰皓國際出版製作有限公司
印　　　刷／祥新印刷股份有限公司
初版一刷／2012年10月

ISBN／978-986-6151-35-4
定價／350元

讀者回函卡

感謝您購買本書，為了提供您更好的服務，歡迎填妥以下資料並寄回，
我們將定期寄給您最新書訊、優惠通知及活動消息。當然您也可以E-mail：
Service@coolbooks.com.tw，提供我們寶貴的建議。

您的資料（請以正楷填寫清楚）

購買書名：＿＿＿＿＿＿＿＿＿＿＿＿＿＿＿＿＿＿＿＿

姓名：＿＿＿＿＿＿＿＿　生日：＿＿＿＿年＿＿月＿＿日

性別：□男 □女　　E-mail：＿＿＿＿＿＿＿＿＿＿＿＿

住址：□□□＿＿＿＿縣市＿＿＿＿＿鄉鎮市區＿＿＿＿＿路街
　　　　　＿＿＿段＿＿＿巷＿＿＿弄＿＿＿號＿＿＿樓

　　　聯絡電話：＿＿＿＿＿＿＿＿＿＿＿＿＿＿＿

職業：□傳播 □資訊 □商 □工 □軍公教 □學生 □其他：＿＿＿

學歷：□碩士以上 □大學 □專科 □高中 □國中以下

購買地點：□書店 □網路書店 □便利商店 □量販店 □其他：＿＿＿

購買此書原因：＿＿ ＿＿ ＿＿ ＿＿ ＿＿（請按優先順序填寫）
1封面設計　2價格　3內容　4親友介紹　5廣告宣傳　6其他：＿＿＿

本書評價：＿＿ 封面設計 1非常滿意 2滿意 3普通 4應改進
　　　　　＿＿ 內　　容 1非常滿意 2滿意 3普通 4應改進
　　　　　＿＿ 編　　輯 1非常滿意 2滿意 3普通 4應改進
　　　　　＿＿ 校　　對 1非常滿意 2滿意 3普通 4應改進
　　　　　＿＿ 定　　價 1非常滿意 2滿意 3普通 4應改進

給我們的建議：＿＿＿＿＿＿＿＿＿＿＿＿＿＿＿＿＿＿＿
＿＿＿＿＿＿＿＿＿＿＿＿＿＿＿＿＿＿＿＿＿＿＿＿＿＿＿
＿＿＿＿＿＿＿＿＿＿＿＿＿＿＿＿＿＿＿＿＿＿＿＿＿＿＿

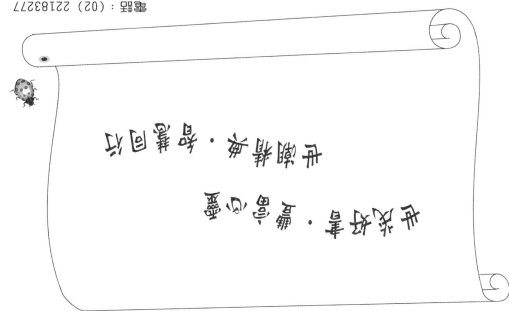

傳真：(02) 22187539
電話：(02) 22183277

有著作權‧侵害必究

尊重智慧‧嘉惠學子

廣告回函
北區郵政管理局登記證
北台字第9702號
免貼郵票

231新北市新店區民生路19號5樓

世茂
世潮 出版有限公司 收
智富